Moritz Joel

Schlüssel zu den Aufgaben in der polnischen Grammatik

nach Ollendorff's Methode

Moritz Joel

Schlüssel zu den Aufgaben in der polnischen Grammatik nach Ollendorff's Methode

ISBN/EAN: 9783744623810

Hergestellt in Europa, USA, Kanada, Australien, Japan

Cover: Foto ©Paul-Georg Meister /pixelio.de

Weitere Bücher finden Sie auf **www.hansebooks.com**

Schlüssel

zu den Aufgaben

in der

Polnischen Grammatik

nach

Ollendorff's Methode

von

M. Joel,

Lehrer der slawischen Sprachen und Literatur.

Zweite verbesserte Auflage.

Frankfurt a. M.
Carl Jügel's Verlag.
1866.

Druck von August Osterrieth in Frankfurt a. M.

Vorerinnerung.

Dieser Schlüssel ist für Diejenigen bestimmt, die sich meiner praktischen polnischen Grammatik beim Selbstunterrichte bedienen wollen. Die Aussprache des Polnischen muß Jeder von einem gebildeten Polen lernen; hat man sich diese aber erst angeeignet, und liest nun die Regeln und Beispiele jeder Lection aufmerksam durch, prägt die Vocabeln und Redensarten dem Gedächtniß ein, übersetzt die Aufgaben mündlich und schriftlich, vergleicht diese dann mit der hier gegebenen Uebersetzung, und sucht über den Grund jeder Abweichung sich klar zu werden: so kann man es sicher zur Fertigkeit im Verstehen und Schreiben des Polnischen bringen, und das Sprechen wird dann auch nicht schwer werden, sobald die Gelegenheit zur Uebung darin sich darbietet. Zu bemerken ist noch, daß, da diese Aufgaben die Einübung bestimmter Regeln zum Zwecke haben, oft Wörter und Wortverbindungen darin zur Anwendung kommen mußten, die im gewöhnlichen Leben seltner vorkommen. Solchen weniger gebräuchlichen Ausdrücken sind in diesem Buche überall die gangbareren in Klammern ( ) beigefügt, und der Lernende hat sich diese besonders zu merken. Steht vor einem in Klammern eingeschlossenen Ausdrucke „oder", so zeigt dieses an, daß beide Ausdrücke gleich gebräuchlich sind.

Der Verfasser.

Klucz

do

praktycznych zadań polskiéj grammatyki.

Zadanie 1.

Kto ma chléb?—Brat ma chléb.—Co ma syn?—Ma sér.—Czy sąsiad ma stół?—Ma stół.—Kto ma nóż?—Pan ma nóż.—Co pan ma?—Ma stół.—Czy ma oléj?—Ma oléj.—Czy ojciec ma oléj?—Ojciec ma oléj.—Kto ma sér?—Brat ma sér.

Zadanie 2.

Co ma twój brat?—Mój brat ma sér.—Jaki sér ma?—Ma świeży sér.—Kto ma mój bót?—Sąsiad ma twój bót.—Który sąsiad ma mój bót?—Twój stary sąsiad ma twój bót.—Czy ma mój nowy trzewik?—Ma twój stary trzewik.—Co ma ów leniwy chłopiec?—Ma stary chléb.—Kto ma świeży oléj?—Syn mój ma świeży oléj.—Co twój zły nauczyciel ma?—Ma mój nowy, dobry nóż.

Zadanie 3.

Kto ma drewniany pług owego pilnego i surowego wieśniaka?—Jego sąsiad ma jego drewniany pług.—Jaki płot ma piękny ogród owego właściciela?—Ma nowy drewniany płot, a ogród jego stary sąsiad ma stary żelazny płot.—

Joel's poln. Schlüssel.

Czy ma zły chłopiec twojego brata mój młot i mój gwóźdź?— Ów chłopiec ma twój młot, a ten ma twój gwóźdź.—Jakiego ma twój nauczyciel?—Ma leniwego syna piekarza.— Jakiego konia ma właściciel owego lasu?—Ma pięknego młodego konia.—Czyjego niedźwiedzia ma twój ojciec?—Ma brzydkiego niedźwiedzia starego kowala.—Czy ma jego żelazny młot?—Ma swój nowy drewniany młot i piękny stolik pilnego sąsiada.—Kto ma nasz słownik i waszego nowego kozaka?—Twój uczeń ma kozaka, a leniwy syn naszego sąsiada ma słownik.—Co ma wasz nauczyciel?—Ma nowy płaszczyk.—Którego nauczyciela ma brat pana młodego?—Ma dobrotliwego starego nauczyciela naszego młodego pana.

Zadanie 4.

Niema dobrego lnu kupiec?—Ma dobry len, a zły dziegieć. Jakiego lwa ma ten mały zły człowiek?—Ma pięknego łaskawego lwa i małego leniwego osła.—Który karzeł ma naszego dzikiego orła?—Ten ładny karzeł go niema, a ów brzydki stary karzeł ma swojego orła.—Czy twój mały brat ma psa, albo wilka?—Niema psa; ma rzeźwego ogiera i łaskawego jelenia naszego dobrotliwego pana.—Ma czas nasz szewc?—Niema czasu.—Jaki oléj i ocet ma kupiec?— Ma zły oléj i niedobry ocet.—Czy kiep niema rozumu?— Ma wielki łeb, a nie rozum.—Co ma ów mały ładny pies? —Ma wróbla albo kamień.—Niema ten ładny chłopiec ojca? —Ma dobrego i surowego ojca.—Czy twój sąsiad ma mojego nowego mazurka?—Ma [go].—Czy niema jego uczeń twego węgla?—Niema [go].—Czy właściciel owego pięknego wielkiego lasu ma ten ogródek?—Ma [go].—Kto ma nasz żelazny kocieł?—Sąsiad tego obywatela ma go.

Zadanie 5.

Kto ma mój bąk?—Mały twój sąsiad ma go.—Niema ów wróbel wielkiego brzydkiego pająka?—Ma tylko małego pająka.—Co ma twój brat?—Ma kawałek cukru.—Czyjego gołębia ma ten wicśniak?—Ma pięknego białego gołębia naszego starego księdza.—Czy sąsiad twój ma trochę dobrego czarnego inkaustu?—Ma mało inkaustu, ale dobry.— Czyjego wielbłąda ma chłop ów?—Ma wielkiego wielbłąda tego męża.—Niema Jakub tchórza?—Ma czarnego.—Czy leniwy uczeń naszego nauczyciela ma nieco papieru i inkaustu?—Ma wiele cienkiego papieru, ale mało (tylko trochę) inkaustu miąższego.—Niema kupiec pieprzu?—Ma dosyć drobnego i grubego pieprzu.—Czy piękny nowy wóz pilnego wieśniaka niema wasąga?—Ma tylko zły wasąg jego starego drewnianego wozu.—Czy nowy nasz kupiec ma nieco dobrego świeżego tytuniu?—Ma mało tytuniu, ale wiele pieprzu i octu.—Co ma twój mały pies?—Ma wielkiego węża.—Pies niema węża, ale wąż ma psa.—Niema nasz sąsiad owego pięknego wielkiego wiązu?—Niema [go]; surowy stary pan ma go.—Jaki bót ma twój leniwy szewc? —Mój szewc niema bóta, ma tylko ładny trzewik i drewniany ćwiek.—Niema żelaznego ćwieka czyli gwoździa?— Ma tylko ten mały drewniany gwoźdź.—Ma papier nasz sąsiad?—Ma mało, ale dosyć.—Co ma ów piękny młody człowiek?—Ma garniec dobrego świeżego oleju i wielki kawałek czarnego starego chleba.—Czy ojciec twój niema wiertela jęczmienia lub owsa?—Mój ojciec tylko ma jęczmień, ale obywatel ów ma wiele świeżego owsa.

Zadanie 6.

Kto ma pięknego wielbłąda waszego koniuszego?—Podskarbi naszego Króla ma nie tylko jego wielbłąda, ale i jego dzikiego niedźwiedzia.—Czy masz ten wór jęczmienia, który ma nasz przyjaciel Antoni?—Niemam woru jęczmienia Antoniego, ale Pana Gałeckiego.—Co mam? Masz kieliszek gorącego ponczu.- Ma ubogi kramarz łaszt grochu?—Ma tylko korzec grochu, ale jego bogaty sąsiad ma nie tylko wielki ładunek grochu, ale i wiele jęczmienia.—Czy masz twój pieniądz, albo (czy) mój?—Niemam pieniędzy, tylko mam ten kawałek cukru i ten korek.— Czyjego psa ma Noego przyjaciel?—Niema swojego psa, ale tego, którego ma mój brat.—Czy masz dosyć inkaustu i piasku?—Mam dużo piasku, ale mało dobrego czarnego inkaustu.—Czy Pan Lammenais ma dobry chmiel? Niema dobrego chmielu; ma świeży chmiel Jozuego.—Czy ma ten kupiec wiele ołowiu i stali?—Ma tylko kamień ołowiu, a cętnar stali.—Czyj sukienny płaszcz masz?—Niemam podróżnego, ale chorążego.—Jaki posąg ma nowy podstolego ogrodowy?—Ma piękny posąg szczęśliwego pana młodego, naszego młodego Pana Szczerzeckiego.—Niemasz kieliszka gorącego lub zimnego ponczu?—Niemam ponczu, ale Ambroży, dobry i pilny syn naszego starego i złego kościelnego, ma dosyć gorącego ponczu.

Zadanie 7.

Towarzyszu! Czy masz mój ołówek, albo mój nóż?—Dobry przyjacielu! Niemam ani twojego ołówka, ani twojego noża.—Który ogród i dom masz Pan?—Mam dom starego leśniczego, ale jego ogrodu niemam.—Pietrze! (Piotr!) Niema ten Pan nowego jedwabnego kapelusza naszego dziada?—Dziadzie! (Dziadu!) Ten Pan ma nie tylko twój jedwabny kapelusz, ale i twój mały klucz (twój kluczyk).—Pan niema mojego kapelusza, ani klucza.—Jakiego ucznia masz, Panie Bogusławie?—Mam pilnego i skromnego ucznia, który ma wielkiego ojca i wiernego przyjaciela.—Panie kupcze (kupiec)!—Masz nieco tytuniu i cienkiego papieru?—Ani tytuniu, ani papieru niemam, tylko jęczmień i owies.—Kochany ojcze! Kto ma nasz i stryja las?—Mój dobry synu! Syn naszego sąsiada ma ów, a twój wuj ma ten.

Zadanie 8.

Czy widzisz owego starca ze swoim miłym chłopcem, który ma białego kozła swojego surowego pana?—Widzę tylko twojego starca, ale nie widzę chłopca z jego białym kozłem.—Czy masz Pan jeszcze swojego złego czarnego psa z białym pyskiem?—Mam go jeszcze.—Z kim widzisz skromnego brata mojego dobrotliwego Pana sąsiada?—Mój dobry towarzyszu!—Widzę go z jego zdatnym ogrodowym.—

Czy ma jeszcze ogród z małym, ale ślicznym letnim domem? —Jeszcze ma i ten i ów, ale niema ani swojego starego wiernego Daniela, ani jego skromnego Dadziboga.—Z jakim kapeluszem Pan widzisz owego chytrego złodzieja?—Nie widzę złodzieja z kapeluszem, ale wielkiego bohatéra ze świeżym wieńcem.—Co widzi ten człowiek?—Widzi okręt naszego bogatego kupca z białym konopianym żaglem.— Panie Pietrze!—Czy widzisz chłopca z wężem?—Widzę nie tylko chłopca i węża, ale i niedźwiedzia z dzikim wilkiem.

Zadanie 9.

Kto dał twojemu bratu złoty kubek, który ma?—Dobrotliwy nasz pan dał mojemu bratu ten kubek i jego nauczycielowi piękny nowy sukienny płaszcz.—Czy Pan masz jeszcze ten ostry scyzoryk, który dałem Panu?—Już go niemam, dałem go mojemu sąsiadowi.—Jaki kamień dałeś twojemu (swojemu) ojcu?—Nie dałem kamienia mojemu staremu ojcu, ale kawałek starego chleba i kubek zimnego ponczu (z zimnym ponczem).—Czyjemu uczniowi dałeś Pan swojego małego pstrego ptaka?—Dałem go temu uczniowi naszego wiernego nauczyciela, który dał wiele owsa i jęczmienia mojemu miłemu ptakowi.—Benedykcie! Komu dałeś mój list?—Panu go dałem.—Dałeś Pan już księdzu jego nowy płaszcz?—Dałem dobremu księdzu nie jego płaszcz, ale mój.—Co dał pan parobku (parobkowi) i borowemu?—Dał parobku tylko stary jedwabny kapelusz, ale swojemu borowemu dał wór owsa i korzec bobu.—Czy dałeś miecz Antoniemu, albo Pawłowi?—Nie dałem go ani Antoniemu, ani Pawłowi, ale Jerzemu.

Zadanie 10.

Masz Pan jeszcze wiele jęczmienia w swoim drewnianym szpichlerzu?—Już niemam wiele jęczmienia, ale mam jeszcze dosyć grochu w moim domu.—Gdzie Pan widzisz naszego kochanego Pawła?—Widzę go z młodym Panem w owym wielkim białym pokoju.—Na którym moście widzisz miedziany posąg bohatera?—Widzę go na owym długim moście, na którym Pan widzisz pięknego jeźdźca z rzeźwym młodym koniem.—Kogo widzisz na owym wysokim brzegu?—Tam widzę twojego pana młodego z jego dobrym, wiernym towarzyszem na nowym wozie.—Czy widzisz na stole ten nowy srebrny lichtarz, który mój stryj dał mojemu pilnemu bratu? —Widzę go, ale syn naszego sąsiada go nie widzi.—Widzisz mojego ucznia w teatrze, albo w kościele?—Nie widzę go ani w teatrze, ani w kościele, ale mój wuj widzi go w domu jego dziada.—Gdzie widzisz człowieka z wężem?—Widzę węża z człowiekiem w boru (borze) naszego sąsiada na tym wysokim żelaznym moście.—Kogo widzisz na tym okręcie?— Widzę tam młodego majtka z białym kapeluszem.—Czy widzisz opieszałego Daniela i pilnego Jędrzeja tam na śliskim lodzie?—Nie widzę ani Daniela, ani jego przyjaciela; widzę tylko starego wieśniaka z leniwym osłem, na którym widzę wór owsa.—Czy ma jeszcze wiele owsa?—Już niema wiele, ale jeszcze dosyć.—Niema ostu osieł, którego widzisz na owym brzegu?—Niema ostu, ale nieco mchu.—Czy masz Pan trochę octu?—Już dałem Panu ten ocet, który mam.

Zadanie 11.

Co ma pastuch?—Ma byki, woły, kozły i osły.—Jakie ma woły?—Ma wielkie i młode woły.—Czy ma pastuch len?—Niema lnu, ale dobry ma ten kupiec, który ma i piękne i dobre jedwabne towary i tanie sukienne płaszcze. —Co Pan tam widzisz?—Widzę tylko te komary, które Pan także widzisz.—Czy widzisz Pan te ciekawe słowiki i owe chytre wróble z pięknym białym gołębiem?—Widzę owe ptaki, a tam doświadczonego wieśniaka z wiernym psem i pracowitym parobkiem.—Jaki ma chléb nowy piekarz w tym domu?—Ma dobry biały, a niesmaczny żytny chléb.— Który piekarz ma ten dobry rżanny (żytny) chléb, jaki widzę na tym okrągłym stole w waszym niebieskim pokoju?—Sąsiad Pana ma taki (tak) dobry i tani chléb.—Czy macie dobre stalowe noże?—Nie mamy.—Kogo widzi wasz mądry ksiądz? —Widzi te jelenie i owe konie.—Kto ma te piękne pstre chrząszcze, które dałem twojemu przyjacielowi Mikołajowi?—Piotr ma owe chrząszcze w swoim drewnianym bębnie. —Czy macie swoje (wasze) kapelusze?—Mamy.—Co mają nasze osły?—Mają swoje osty.—Masz Pan swoje łokcie, albo moje?—Mam tylko moje.—Czy nasz przyjaciel widzi białe jelenie w boru Pana Gałeckiego?—Widzi.—Czy żołnierze wielkiego Króla już mają nowe płaszcze?—Mają już nowe płaszcze i kapelusze.—Czy Pan widzisz wielkie złote lichtarze w tym kościele?—Widzę nie tylko lichtarze, ale i miedziany stół, na którym widzę wielkie złote i śrebrne kubki.—Czyje psy ma ten człowiek?—Ma psy Pana. —Kto ma owe wielkie okręty, które tu widzę?—Holender ma ten okręt, a jego sąsiad, bogaty Niemiec, ma ów.— Kogo Pan widzisz na okręcie Niemca?—Tam widzę młode i stare majtki (młodych i starych majtków).

Zadanie 12.

Co mają Królowie?—Mają wielkie zamki i piękne ogrody —Kto ma owe wesołe konie, które Pan widzisz w lesie borowego?—Bogaci Szwedzi mają tylko takie konie.—Czy Prusacy mają takie białe okręty?—Mają.—Co mają owi szczęśliwi parobcy?—Mają dobrotliwego i znacznego pana.—Co widzą ci weseli studenci?—Widzą zielone ptaki ubogiego Włocha.—Czy Włosi mają dobre jedwabne towary?—Mają tylko złe bawełniane towary.—Co mają owe młode orły, które nasi synowie widzą na tym wysokim dębie?—Te orły mają małe pstre węże.—Czy nasi urzędnicy mają dosyć papieru i inkaustu?—Mają dosyć inkaustu, ale tylko mało grubego papieru.—Czy Pan masz jeszcze dom Archiwaryusza? —Już niemam jego domu.—Jakie domy tu mają Biskupi?— Znakomici Biskupi tu mają wspaniałe zamki.—Czy Panowie Szczerniccy jeszcze mają ten wspaniały zamek, który widzimy w owym ogrodzie?—Panowie Szczerniccy go już nie mają; nasi sławni dziedzice mają zamek i piękne zielone lasy.—Mają Pana Jérzego poddani dobrego lekarza?—Mają lekarza, ale nie aptekarza.—Komu dałeś twego złego psa? —Dałem go bratu ochmistrza.—Co widzą ci młodzi pastuszkowie?—Widzą wspaniałe żółte lwy, które mają ubodzy Czesi.—Czy i Włosi mają takie lwy?—Mają piękne dzikie lwy i niedźwiedzie.—Czy ci tłuści Konsyliarze i owi mądrzy Kandydaci nie widzą uczonego Kapłana?—Nie widzą go.— Co mają paziowie Króla?—Mają jego złote i srebrne kubki. —Komu dał brat Pana swoje domy?—Dał swój stary dom z wielkim ogrodem naszemu staremu stryjowi.

Zadanie 13.

Czyje konie mają ci wierni parobcy?—Mają piękne rącze (wesołe) konie swoich dobrotliwych młodych Panów.—Jakich uczniów (uczni) mają starzy uczeni filozofowie?—Mają mało roztropnych i bacznych uczni.—Czy twój nauczyciel ma jeszcze wiele uczniów?—Ma mało uczni, ale pilnych i posłusznych.—Czy macie ołówków i papieru dosyć?—Mamy dosyć ołówków, ale papieru już nie mamy.—Nasi mili sąsiedzi już nie mają tytuniu.—Czy łowczowie Panów nie mają zajęcy?—Mają tłuste zające.—Nie widzicie Panowie wielkich tłustych karpi na żółtym stole w zielonym pokoju? —Nie widzimy ich.—Co dał twój dziad swojemu ubogiemu gościowi?—Dał pracowitemu, ale nieszczęśliwemu człowiekowi tylko kilka groszy, ale wielki kawałek starego żytnego chleba i funt starego nicpotém séra.—Czy żydzi jeszcze mają swoje piękne konie i osły bogatych leśniczych?—Już ich nie mają.—Kto ma je?—Mój brat je ma.

Zadanie 14.

Dziadzie! (Dziadu!) Nie widzisz pająków z komarami w tych kątach?—I pająki widzę i komary.—Co mają Polacy na swoich wielbłądach?—Mają wiele worów węgli na tych brzydkich wielbłądach.—Wiele dałoś miedzianych pieniędzy ubogim starcom?—Ani szeląga nie dałem tym starcom, tylko talar tym parobkom, których Pan widzisz w lesie z wołami i końmi (koniami) mojego kochanego wuja.—Komu dali Półkownicy ostre miecze ze złotémi lub srebrnémi kutasami? —Miecze ze złotémi kutasami dali wiernym obywatelom, a miecze ze srebrnémi kutasami swoim walecznym żołniérzom. —Czyje zamki widzimy tam na zielonych brzegach?—Pan widzisz ogrody z obronnémi zamkami Panów Zamojskich i naszych Królów.—Czy Panowie widzicie rząpie i posągi w tych ogrodach?—Ani rząpi (rząpiów), ani posągów tam nie widzimy, ale wiele okazałych wiązów i wysokich dębów.— Sobku! Nie widzisz małego Włocha z jego żółwmi?— Dobrzy przyjaciele! Widzę Włocha, ale nie żółwie (ale bez żółwi).

Zadanie 15.

Komu ci dobrzy dworzanie dali pieniądze?—Dali wiele pieniędzy moim braciom i ich przyjacielom, którzy dali wiele śrebrnych pieniędzy ubogim księżom naszych pobożnych przedmieścian.—Kogo widzicie na okrętach walecznych Rzymian (Rzymianów)?—Na tych okrętach widzimy srogich pogan, nieprzyjaciół uobyczajonych ludów.—Co Pan dałeś synom moich braci?—Dałem synom twoich pracowitych braci te kubki, które mają owe starzy księża, których widzisz w nowym kościele z pobożnymi chrześcianami.—Co dały Rzymianom te dzikie ludy?—Dały piękne konie i mocne bawoły. —Co dali ci ludzie naszym przyjacielom?—Dali wielki wór z miedzianémi pieniędzmi.—Co bogaty mieszczanin ubogim dał księżom?—Dał wór z pieniędzmi.—Grzegorzu! Gdzie masz moje akta?—Niemam aktów Pana, ale widzę akta Pana na tym instrumencie.—Czy nieprzyjaciele Rossyan mają wiele żołnierzy i mocnych koni?—Mają wiele dobrych koni, ale mało żołnierzy.—Czyj papier mają uczniowie, których widzę z ich opieszałymi towarzyszami w małym żółtym pokoju naszego surowego nauczyciela?—Ci uczniowie mają papier Antoniego, a ich towarzysze swojego nauczyciela. —Czy bezbożni żydzi jeszcze mają fanta ubogich pilnych chłopów?—Żydzi ich nie mają, ale chrześcianie.—Jakie masz grzebienie?—Mam tylko tanie drewniane grzebienie.—Czy nowy kupiec już ma nowe jedwabne kapelusze?—Jeszcze ich niema; ale ma jeszcze dobre wełniane kapelusze.

Zadanie 16.

Czy twój piekarz ma wiele drożdży (młodzi) w swoim pięknym białym chlebie?—Ma tylko trochę drożdży, ale dosyć.—Kto ma moje stare bawełniane gatki, które dałem parobku owego wieśniaka?—Parobek dał gatki Pana krawcowi Pana Jędrzeja.—Czy ci kupcowie mają dobre stalowe młoty i tanie żelazne i drewniane narzędy?—Mają tylko drogie (kosztowne), ale dobre narzędy.—Co macie Panowie? —Mamy dobre i tanie perfumy i wonne, ale drogie oleje.— Drodzy przyjaciele! Macie już organy w nowym waszym kościele?—Jeszcze nie mamy organów.—Czy nowy dom Panów Gałeckich ma szerokie i wygodne schody?—Ma wysokie i wąskie schody.—Jakie skrzypce dał Włoch synom Pana?—Dał moim synom piękne skrzypce bogatego Rzymianina.—W którym krysztale widzicie komary?—Widzimy wiele małych komarów w pięknym krysztale, który dał nauczyciel naszym posłusznym towarzyszom.—Co daliście staremu szewcowi?—Nasze bóty i złe trzewiki.—Wiele ma wiernych przyjaciół twój towarzysz?—Ma wprawdzie mało przyjaciół; ale i niema nieprzyjaciół.—Czy Pan masz nowe sobole?—Niemam soboli, mam tylko przepyszne lisy.— Czyje szopy dałeś żydowi?—Mojego stryja.—Kto ma twoje? —Mój kochany Wojtek.

Zadanie 17.

Czy Pani widzisz tę wspaniałą tęczę?—Nie widzę téj tęczy, którą Pan tam widzisz.—Ma nasza powabna mistrzyni czerwoną albo białą różę (różą)?—Niema ani czerwonéj, ani białéj róży, ma wielką kwaśną wiśnią.—Komu dał nasz sługa małą jedwabną sieć i piękną złotą rybę?—Dał tę paziowi Królowéj, a owę synu Pana.—Czy nasza gospodyni nie dała gościowi Pana kieliszka gorącego ponczu i kawałek chleba ze sérem?—Dała ten mojemu towarzyszowi, a ów swojemu mężowi.—Kiedy dałaś Pani nową swoję jedwabną suknią żydowi?—Wczoraj dałam ubogiemu staremu żydowi nie jedwabną suknią, ale starą bawełnianą czapkę i stare czarne portasy.—Którą szablę dał Król dziś staremu bohatérowi w swoim zamku?—Dał szablę jego sławnego ojca i białą chorągiew.—Co ma wieśniak w tych worach, które widzimy na jego wozach?—Ma wiele korcy jęczmienia, owsa i grochu w worach.—Z kim widzisz sławnego mówcę w ogrodzie naszéj powabnéj gospodyni?—Widzę owego mówcę z jego synem i z właścicielem letniego domu.—Czyję kurę ma ten zuchwały złodziéj, którego widzisz w żółtym domu?—Ma owéj Pani, którą teraz widzisz w domu mojéj staréj ciotki.—Pawle! Niemasz mojéj czarnéj sukiennéj czapki?—Mój kochany bracie! Twoję czapkę ma twój piękny przyjaciel Jérzy, dobry syn Pani Garnickiéj.—Gdzie masz teraz twoję nową pościel?—Mam kosztowną moję pościel w tym czerwonym pokoju, gdzie teraz widzisz naszego opieszałego i starego dobrotliwego Starosty sługę.—Czy ma właściciel téj wielkiéj wsi i ów las ze wspaniałym zamkiem i te grochy tu?—Niema już zamku, ani lasu; ma tylko jeszcze wieś i tę rolą.—Czy masz moję rolę?—Dałem wczoraj twoję rolę mojemu uczniowi.

Zadanie 18.

Czy jeszcze mamy nieco starego séra w naszym sklepie (w naszéj piwnicy)?—Ani w sklepie, ani w kuchni nie widziałem séra.—Gdzie masz śrebrne lichtarze i stalowe szczypce?— Widziałam śrebrne lichtarze Pani ze stalowémi szczypcami w zielonéj sali na małym okrągłym stole w kącie sali.—Czy dziéwka już dała żób kurze?—Dała kurze trochę jęczmienia i owsa, ale mojemu miłemu wróblowi jeszcze nie dała swojéj żobi.—Czyję książkę dałaś Pani wczoraj mojéj małéj siostrze?—Dałam twoję książkę twojéj miłéj pilnéj i posłusznéj siostrze.—Czy widziałaś wczoraj starą babę z twoją nową brzydką dziewką w waszéj sieni?—Widziałam babę; dała córce naszéj dziewki piękną bawełnianą suknią z dobrą skórzaną kieszenią i dobrą wełnianą czapkę.—Czy nie widzisz listów w téj kieszeni złego zdrajcy?—Widzę listy w téj kieszeni i klucze, które ma w owéj kieszeni.—Czy Pan już widziałeś sławną nową rycinę w

Akademii i posagi w nowym katolickim kościele?—Nie widziałem ani Akademii z jej ryciną, ani kościoła z jego posągami.—Czy Pan jeszcze masz swoję szybką karą klacz i swojego młodego cisawego ogiera?—Klaczy już niemam.— Jaką kuchnią masz teraz Pani?—Kochana siostro! Mamy teraz wielką jasną kuchnią, ale tylko małą ciemną śpiżarnią, i ani góry, ani piwnicy.—Z kim Pani widziałaś Ksienią w kościele?—Widziałam Ksienią z młodym Jezuitą.—Dziewko! Czy niemasz warząchwi?—Pani! Dałam naszę drewnianą warząchew dziewce naszego sąsiada.—Basiu! Czy już widziałaś taką marchew?—W naszej wsi jeszcze nie widziałam takiej wielkiej marchwi.—Czy kramarz niema soli?—Niema ani soli, ani pieprzu.—Czy masz już dosyć wody?—Jeszcze niemam dosyć gorącej wody.—Czy Pan nie widziałeś wspaniałego zamku z wysoką wieżą na zielonej górze?— Widziałem górę z zamkiem i piękną wieżą.—Siostro! Widziałaś księży z nową ksienią w naszym domu?—Widziałam ksienią z pobożnym kapłanem w czerwonej izbie naszego domu.

Zadanie 19.

Czy dzierżawca ma jeszcze swój mały folwark z małemi budynkami gospodarskiemi?—Nie; teraz ma piękny i wielki Hrabiego folwark z nową drewnianą stodołą, owczarnią i tę wielką stajnią, w której niedawno widzieliśmy piękne cisawe ogiery Murgrabiego.—Macie Panowie jeszcze wiele pszenicy? —Mamy tylko te wory pszenicy, które Pan widziałeś w naszej stodole; ale jeszcze wiele jęczmienia i nieco owsa na naszych szpichlerzach.—Niemasz Pani filiżanki dobrej ciepłej kawy lub zielonej herbaty, trochę białego cukru, świeżej śmietany i starej bułki?—Mam herbatę i kawę, ale niemam cukru, śmietany i bułki.—Panie sąsiedzie! Widziałeś wielką trawę na mojej łące i piękną czerwoną koniczynę na mojej roli?—Widziałem tylko koniczynę.—Gdzie Pan masz słomę, którą Panu wczoraj dałem?—Dałem tę słomę ubogim młockom naszego bezstronnego sędziego.—Co dała żona sędziego swojej czeladzi domowej?—Parobkom dała chleba z serem albo chudą szynką, a swojej starej chędogiej dziéwce nieco mąki i małą filiżankę zimnéj czarnéj kawy.— Dał nasz Hrabia sędziemu tylko psa?—Pan Hrabia dał naszemu kochanemu staremu mądremu sędziemu nie tylko swojego wiernego psa dworskiego, ale i wspaniałą młodą karą klacz z nowym pięknym rzędem.—Komu dałaś moje okulary?—Dałam śrebrne okulary Pani naszemu Panu Staroście.—Czyję siostrę Pani widziałaś dziś w ogrodzie Królowéj?—Widziałam tam powabną siostrę ksieni z ładną córką Margrabi (Margrabiego). — Halko ! Co dałaś temu marnotrawcy?—Dałam ubogiemu człowiekowi tylko kawałek starego chleba z szynką i trochę soli i pieprzu.

Zadanie 20.

Czy widziałaś piękne dziéwki ze czarnémi brwiami, które dały pieniędzy ubogiemu żydowi?—Już widziałam owe powabne dziéwki z ich braćmi i przyjaciółmi w domu mojego bogatego wuja.—Niemasz książek?— Dałem swoje książki synom tych ubogich kobiét.—Czy widziałyście piękne obrazki w naszych polskich bibliach?—Ani waszych biblii, ani obrazków nie widziałyśmy.—Niemasz Pan Hrabia szabli z tureckiémi głowniami?—Moje szable nie mają tureckich głowień, ale tylko dobre niemieckie.—Co Panie widziałyście w prowincyach naszéj ziemi?—Widziałyśmy wiele pięknych wsi z bogatymi chłopami; role i łąki, na których widziałyśmy gęsi i owce, ich gęsiarków i owczarzów ze psami.—Co dali Dyrektorowie pilnym uczniom Akademii?—Dyrektorowie Akademii dali zdatnym uczniom pieniędzy, ksiąg i rycin.— Gdzie widziałeś grube kry?—Widziałem wiele grubych kry na naszych i naszego sąsiada łąkach.—Nie macie dobrych studzien w téj wsi?—Mamy w naszym ogrodzie dobrą głęboką studnią z czystą chłodną wodą.—Czyich panów młodych widzieliście w niemieckim kościele?—Widzieliśmy panów młodych tych panien.—Nie widziałyście druchen mojéj siostry ze świeżémi zielonémi wiankami i białémi jedwabnémi sukniami?— Widziałyśmy powabną pannę młodą bez jéj druchen.—Czy Pan nie widziałeś cisawych klaczy w stajniach na folwarku Hrabiego?—Widziałem jego piękne konie; ale nie widziałem jego owiec, ani wołów.—Czy Pani dała moim dziéwkom séra, czy szynki?—Dałam parobkom i dziéwkom i séra i szynki.

Zadanie 21.

Gdzie Pan widziałeś niegodziwych zdrajców naszéj drogiéj ojczyzny?—Widziałem tych nieszczęsnych ludzi we Wrocławiu, w ręku sprawiedliwych i bezstronnych sędziów. —Niemasz Pani bochenka świeżego chleba lub trochę rżanéj (żytnéj) mąki?—Ani chleba, ani mąki niemam.—Komu dałeś smyczek moich nowych drogich skrzypcy?—Skrzypce ze smyczkiem dałem pobożnemu kaznodziei naszéj wsi.—Czy Pan widziałeś mądrych radzców (radzcy) w czarnych płaszczach?—Nigdy nie widziałem jeszcze głupich radzców. —Nie widzieliście mojéj staréj praczki z moją bielizną?— Widzieliśmy.—Co dała Pani czasem moim siostrom?—Dałam czasem twoim miłym siostrom pięknych kwaśnych wisien, albo ciepłych androtów.—Kto ma takie piękne androty i cukierki?—Nasz cukiernik ma wiele wielkich i tanich cukierków, ale niema androtów.—Co masz w swoich brudnych rękach?—Niemam brudnych rąk; Panna tylko widzisz moje stare rękawiczki.—Czy Pan widziałeś kiedyś Anglią albo Francyą?—Dawno nie widziałem tych ziem.—Co Pan widziałeś w Anglii?—Widziałem czasem kochaną Królową w jéj wspaniałym letnim zamku.—Czy Królowa ma wiele sług? —Ma wiele wiernych sług.—Co dali rybacy (dały rybaki) kaznodziejom w waszych wsiach?—Dali księżom te wielkie ryby, które widziałeś w ich sieciach.—Widziałaś Pani piękny czarny i czerwony druk moich francuzkich książek?—Nie widziałam nigdy książek Pani z pięknym drukiem, tylko książki braci Pani z kosztownémi oprawami.—Jaki mają tu kościół Jezuici?—Mają ten nowy biały kościół, który wczoraj widzieliśmy.—Czy Szlachta w Polsce (Polszcze) ma tak dobre konie?—Szlachta w Polsce ma piękne młode konie, ale złe domy i mało ogrodów.—Czy Pan czasem dałeś pieniędzy téj Szlachcie?—Nie dałem nigdy pieniędzy Szlachcie.

Zadanie 22.

Jakie domy mają obywatele w Czechach?—Widzieliśmy wszędzie w Czechach dobre domy.—Czy Panowie widzieliście dobre role w Kujawach?—Nigdzie w Kujawach nie widzieliśmy złych roli.—Nie widzisz pięknych książek na łąkach naszego sąsiada?—Widzę tam książki i niezapominajki, a tu świeżą koniczynę.—Jakie zabawy dał mój stryj twoim grzecznym braciom?—Nie dał zabaw moim braciom, ale te pożyteczne niemieckie książki, które widziałeś na białym stole w zielonéj izbie.—Czy Pani miała moje nożyczki, czy krawcowéj?—Miałam te nożyczki, które Pani tu widzisz.— Czy twoje miłe córki mają żornice.—Moje biedne córki miały pierzchnice.—Czy mają róże już pąpie (pączki) w ogrodzie pięknego ogrodowego Pani?—Róże nigdzie jeszcze nie mają pąpi.—Czy żydy już miały swoje trąbki?—Żydy miały już nie tylko trąbki, ale i kuczki.—Gdzie Panowie widzieliście stare kościoły z wysokiémi wieżami?—Wiele widzieliśmy starych kościołów z pięknémi wieżami w Brodach. —Gdzie masz taczki naszego sąsiada?—Dałem jego taczki jego parobkom.—Czy Wojewodowie w owym kraju mają wiele ruchomości?—Bogaci ludzie wszędzie mają wiele ruchomości albo gruntową własność.—Czy miał skrzypce albo multanki ten ubogi człowiek, co go widziałeś dziś z powabną dziewczyną w naszéj wsi?—Ani tych, ani owych nie miał; miał starą cytrę.—Widziałeś Pan czasem rozwaliny w Węgrzech?—Nigdy jeszcze nie widziałem rozwalin.—Co ma w ręku małpa, którą widzimy na téj gałęzi? —Ma w swoich długich ręku kawałek séra albo cukru.

Zadanie 23.

Kto ma teraz to piwo, które dałem dziewczynie?—Dziecię twojego brata ma je.—Czy nie miało swojego mléka i swojego cukru?—Nie miało ani mléka, ani cukru, ale tylko wodę i kilka cukierków.—Czy mój koń miał jeszcze dosyć owsa i wody?—Miał mało owsa, a nie wodę.—Czy Pani niemasz dobrego świeżego masła i trochę séra?—Mamy piękne świeże masło, a tylko stary nicpotém sér.—Czy Pan widziałeś wspaniałe, wielkie zwierciadło francuzkie w białéj sali naszego miłego Pana?—Widziałem to zwierciadło w jego mieszkaniu, a moi bracia widzieli jego cisawe źrebięta w nowéj stajni.—Czyje krzesło ma nieposłuszny chłopiec?—Ma krzesło tego grzecznego i pilnego dziewczęcia, któremu daliśmy pożyteczne polskie książki z powabnémi obrazkami. —Nie widziałeś Pan naszych parobków z dziewkami na naszém albo naszego sąsiada polu?—Widziałem te na łące Pana, a owych w stodole naszego sąsiada z jego synami i córkami.—Nie daliście Panowie mostowego na téj drodze? —Nigdzie nie daliśmy mostowego.—Czy Panowie widzieliście tyrolską krowę z wielkiém wymieniem na podwórzu tego bogatego wieśniaka?—Widzieliśmy wiele owiec i kóz, ale ani krów, ani wołów nie widzieliśmy na jego podwórzu, ani w jego oborze.—Nie widziałeś Pan wesołego karego źrebięcia w naszéj stajni?—Widziałem wczoraj klacz z okazałém źrebięciem na pastwisku.—Jakie macie mięso?— Mamy trochę pieczystego. — Czy widziałyście Króla?—Widziałyśmy młodego Króla z czerwoném znamieniem na pięknném czole w kosztowném pozłocistém siodle na czele jego walecznego wojska.

Zadanie 24.

Kogo onegdaj widzieliście w mieście?—Widzieliśmy uwielbionego Jagiełłę z jego bohatérskimi towarzyszami, Jenerałami i Półkownikami jego wojska·—Co dał syn księcia staremu Gawryle?—Dał szlachetnemu bohatérowi turecką szablę z kunsztowną pozłocistą pochwą i z złotémi kutasami.—Gdzie widzieli twoi bracia polską szlachtę z księżmi?—Moi bracia nie widzieli księży, ale tylko w archiwum księcia szlachcica, który miał chorągwie z białym orłem.—Czy jeszcze nie widziałeś tego dramatu?—Niedawno widziałem nowe drama naszego Goethego.—Nie mieliście niegdyś krewnego w Ministeryum?—Mamy jeszcze wuja, brata naszéj kochanéj matki w Ministeryum Sprawiedliwości.—Czy już dali Rylle (Ryłłowi) zamki i role jego ojców?—Zamki już długo ma, a role dali nakoniec jego braciom.—Kiedy mieliśmy wasze czarne owce?—Nie mieliście nigdy naszych owiec, ale wczoraj albo onegdaj wasze miłe małe siostry miały nasze białe jagnię.— Co dała matka naszemu Jasiowi?—Dała Jasiowi i Kasi pięknych śliwek i wiele orzechów.—Czy widziałeś i Zabiełłę w nowém drama?—Widziałem to drama wczoraj znowu.— Jakie mieliście książki w swojém niemieckiém Gimnazyum? —Mieliśmy tylko dobre i pożyteczne książki i zdatnych nauczycieli.

Zadanie 25.

Czy twoje siostry mają znowu pomieszkanie na wsi?— Mają teraz piękne bogate dobra w Prusiech.—Czy wasi ojcowie mają jeszcze swoje dobra w Rossyi?—Nigdy nie mieliśmy dóbr w Rossyi, a te małe wsie, które mieliśmy w Polsce i w Węgrzech, bogaci Warszawianie teraz mają.— Którym dziewczętom dała twoja matka stare płaszcze?— Moja miła matka dała owym ubogim chłopcom i dziewczętom nasze stare suknie, kapelusze, czapki, trzewiki i bóty.— Czy mularze mają jeszcze dosyć wapna?—Mają mało wapna, ale jeszcze wiele (dużo) piasku i wielkich kamieni.—Jakie ma towary nowy rzeźnik?—Ma wiele dobrego i smacznego mięsiwa.—Czy niema dobrych kiszek?—Ma.—Nie macie już waszych czarnych żrebiąt i białych prosiąt?—Nasz sąsiad, młynarz, teraz ma nasze żrebięta i prosięta, ale nie nasze owce i jagnięta.—Czy widziałeś kiedyś krowy z takiémi wymionami?—Krowy naszych przedmieścian mają także wielkie wymiona.—Czy widziałeś konie na dobrach Rossyanina?—Niedawno widziałem jego dobra, ale tam widziałem tylko złe stare konie i chude krowy.—Czy widzieliście kościoły tych miejsc z ich bogactwami?—Widzieliśmy i kościoły i kaznodziejów; ale nie widzieliśmy bogactw w tych kościołach.—Jakich kaznodziejów mają tam teraz?—Mamy tylko dobrych i pobożnych księży na wsiach naszych łaskawych Książąt.—Jakie zwierzęta ma ten człowiek?—Widzieliśmy tego człowieka z jego zwierzętami onegdaj w mieście; ma tylko brzydkie niedźwiedzie, wielbłądy, małpy i lisy, ale niema ani lwów, ani orłów, ani gołębi, ani osłów.

Zadanie 26.

Kochany bracie! Czy widzisz piękne świeże zioła na łąkach Pana Hrabiego?—Hrabiowie tu nie mają łąk.—Czyje role widzimy tam z pięknem wielkiem zbożem?—Pan widzisz tutaj pola wieśniaków w owych bogatych wsiach (owych bogatych wsi), a tam nasze.—Co ma chłopiec w swoim kapeluszu?— Ma rozmaite nasiona i śliczne pstre jaja.—Nie macie wróbli? —Wczoraj mieliśmy gniazdo z wróblami i z jajami.—Co mają owe miłe dzieci, które widzisz na tém czołnie?—Nic widzę czołna ani na jezierze (jeziorze), ani na rzéce, ni dzieci na czołnie.—Czy wasz sąsiad ma jeszcze wiele żyta na szpichlerzu?—Ma mało, ale dosyć; ale niema ani pszenicy, ani jęczmienia i tylko wór grochu.—Gdzie masz moje łóżko z nowémi jedwabnémi pościelami i skórzanémi poduszkami? —Nie widziałam ani pościeli, ani poduszek Pani; mam tylko żelazne łóżko ciotki Pani.—Czy macie dosyć soli i pieprzu? —Nie mamy tu ani solniczki, ani pieprzniczki; mamy tylko trochę piwa i chleba z nicpotém szynką.—Jakie pomieszkania mają mistrzynie?—Mają piękne pomieszkania z wielkiémi, wysokiémi i jasnémi izbami, w których kosztowne pstre obicia, kanapy, krzesła i stoły.—Czy jeszcze masz książkę z malowanémi ptakami, gniazdami i jajami?—Dałem tę książkę grzecznym dzieciom mojéj przyjaciółki.—Czy Pan już widziałeś starodawne księgi i akta w królewskich Archiwach?—Nigdy nie widziałem Archiwów z ich księgami i aktami.—Czy Panie widziałyście kobiétę z chorémi dziećmi w ciemném więzieniu?—Widziałyśmy tam tych biednych ludzi.—Co masz w uszu (uszach)?—Mam kamforowaną bawełnę w swoich chorych uszach.—Czy widziałaś, piękna Basiu, chłopca z wielkiémi czarnémi oczyma (oczami)?—Ma piękne oczy, a nie czarne, ale brunatne.

Zadanie 27.

Dokąd Panowie idziecie?—Idziemy do lasu.—Nie widziałeś Pan mojego sługę?—Widziałem człowieka z żelaznémi jasłami w wrotach domu Pana. — Czy Pan już widziałeś bliźnięta na niebie?—Wiele widziałem bliźniąt na ziemi, ale na wysokich niebiosach nigdy jeszcze nie widziałem bliźniąt.—Czy idziesz do mojego brata albo stryja? —Nie idę ani do tego, ani do owego; idę od mojej matki z témi krosienkami, które widzisz w mojéj ręce.—Nie widzisz ładnego chłopca z długiémi uszami i z małą gębą (z małémi ustami), który idzie z synem naszego ogrodowego do naszego ogrodu?—Nie widzę jego uszy; widzę tylko kocieł z wielkiémi miedzianémi uchami, który ma jego towarzysz.—Czy twój uczeń jeszcze nie idzie do domu?—Idzie do kościoła, a jego przyjaciel idzie do kupca.—Czy Pani niemasz dosyć drew?—Mamy jeszcze dosyć drewek.—Czy niema tłów nowy dom sędziego na przedmieściu?—Ma grube tła.—Jakie psy mają teraz łowczowie Książęcia (Księcia)?—Mają wiele złych chartów.—Czy już dałaś twoim chorym dzieciom ich lekarstwa? —Jeszcze nigdy nie dałam lekarstw moim dzieciom, ani łakotków.—Kto dał naszym braciom niemieckie i francuzkie książki z malowanémi zwierzętami?—Panna z pięknémi niebieskiémi oczyma dała waszym grzecznym, pilnym i posłusznym braciom książki z malowanémi koniami, lwami, wielbłądami, małpami, nieźdwiedziami, wilkami, osłami, psami, orłami, gołębiami, wróblami i jajami.—Gdzie widziałaś moje nożyce?—Widziałam je w twoich krosienkach na owym czerwonym okrągłym stole.—Czy macie krzak malinowy w waszych ogrodach?—Mamy tylko piękne płodne drzewa owocowe w naszych ogrodach.

Zadanie 28.

Co widzicie na téj uliczce?—Widzimy miłą żonkę z jéj ładnémi dzieciątkami, które mają piękny pstry drewniany konik.—A kogo widzimy na waszéj kwitnącéj łączce pod młodém drzeweczkiem?—Widzimy tam rzeskich młodzieńców i powabne panienki w białych sukienkach, które mają czyste wiaderka w miękkich rączkach.—Czy już widziałeś ucieszego cisawego konika młodego Książątka w drewnianéj stajence? —Jeszcze go nie widziałem; ale idę teraz do Książątka.— Nie macie jeszcze waszych nowych książeczek i miłych pstrych jajek?—Nasze książeczki z malowanémi jajkami daliśmy naszym małym grzecznym siostrzyczkom.—Co mają wasze białe gołąbki?—Nasze kochane gołąbki mają wiele ziarneczek. - Czy widzisz Pan tam na dróżce naszego książęcia ze książątkami, którzy mają piękne książki i idą do miasteczka?—Widzę książęcia bez książątków w owym żółtym domku.—Co ma niedźwiadek w owym laseczku pod sosienką?—Ma ulik w łapach.—Co masz na oku, mój kochany Jasiu?—Mam przykry jęczmyk na tém oku. - Czy Pan widziałeś słoneczko na niebie?—Widziałem słonko i wiele czarnych obłoków.—Co masz w tym koszyczku?—Moje białe króliczki mam w tym koszyku, z którym idę do naszego dobrego Sobka.

Zadanie 29.

Tatusiu! Dokąd idziesz z matusią?—Idę do laseczka, a matynka idzie na rynek.—Dokąd idzie to chłopczysko z swojémi gąsiętami?—Idzie do naszéj ciotuni, która ma domek w pięknéj wioseczce bogatego Hrabiego Potockiego.— Czy masz dobre drzewo?—Nie, bratuleńko! mam tylko trochę kruchego drzewska, ale mój skąpy sąsiad, stary rzeźnik, ma wiele drew i dobrych. - Co dałeś temu żołnierzysku?—Dałem stare i chude wełniane kapelusisko.— Serdulenko! niemasz kapelusiny?—Dałam kapelusik serdusieneczku mojemu, który piérwszy raz idzie dziś do szkoły. - Co dał nasz drogi wujaszek Jasiowi?—Dał naszemu miłemu synaczkowi wiele śliwek i orzechów i wielkie czerwone jabłko. - Widziałaś Panna (gew. Panno) mężynę swojéj miłéj przyjaciółki?—Widziałam go w domu książęcia. —Czy rzeźnik ma świeżą słoninę?—Ma; ale jego ojciec, stary łakomy piekarczyna niema dobrego żytnego (rżanego), ni białego chleba.—Komu dał tatynek młodego królika?— Dał to powabne zwierzątko twojemu grzecznemu bratuniowi.—Miła ciotusiu! Niemasz pożytecznéj nowéj książeczki?—Dałam moje nowe książeczki ze pstrémi obrazkami posłusznéj Basi.—Którym chłopcom dał twój bratek swój płaszczyk?—Dał starą płaszczynę ubogiemu żydzięciu, które miało tylko oszarpaną płócienną sukninę.—Niemasz ostrego scyzoryka?—Niemam scyzoryka, ale tylko to tępe nożysko.—Czy widziałeś młodą dziewczynę, powabną siostrzyczkę naszego szacownego nauczyciela, z świeżą miłą twarzyczką?—Widziałem ją na rynku, na sankach kaznodziei.—Gdzie ma nauczyciel pięknego czarnego pieska, którego daliśmy jego córeczce?—Już niema tego pieska; dał biedne zwierzątko swojemu opieszałemu grubemu uczniowi, synowi naszego szacownego sędziego.

Zadanie 30.

Nie idziecie Panowie do Elbiążanina po cisawe konie, które miał wczoraj na targu w Gdańsku?—Te konie teraz mają Berlinczycy.—Jakich ludzi widzisz na owym spróchniałym moście i na brzegu rzéki?—Widzę rozmaitych cudzoziemskich ludzi: Rossyan, Francuzów, Anglików i Duńczyków, ale ani Niemców, ani Włochów.—Co mieli bogaci Holenderzy, których widzieliście w Londynie, nader wielkiém mieście stoleczném bogatéj i potężnéj Anglii?—Mieli wiele dobrego wina, a trochę piwa.—Po co idą Kaszubi do Gdańska?—Idą po żyto, jęczmień i pszenicę; Gdańszczanie mają zawsze dobre i tanie zboże.—Jakie okręty mają teraz Prusacy?—Nie mają okrętów, ale tylko podłe czołniska.—Widziałyście Jenerałów na czele walecznych Persów?—Widziałyśmy wielkie waleczne wojsko Cesarza.—Matusiu! Czyje masz sukniny?—Mam sukniny uczonych Izraelitów.—Czy Litwiny jeszcze mają swoje ośleta?—Litwiny nie mają ośląt, ani osłów, ale wiele pięknych i kosztownych (drogich) koni. - Czy Grecy jeszcze mają piękne przepyszne lisy, które niedawno widzieliśmy?—Już ich nie mają, ale mają teraz czarne wilki Konstantynopolitańczyków.—Czy Wołosi mają takie wino, czy Włosi?—Wołosi nie mają wina.—Czyj wóz i konie ma wesoły Szwajcar?—Szwajcar i jego wesoły towarzysz, Paryżanin, mają konie i nowy wóz swojego surowego Pana, Konsyliarza.—Czy Pan widziałeś sławnego Rzymianina z jego szacownymi rodzicami?—Widziałem rodziców w izbie moich, a syna w królewskim zamku w Berlinie.—Czyje sanie mają sługi Warszawian?—Mają nasze.

Zadanie 31.

Od kogo idzie Pani Jenerałowa?—Idzie z Jenerałowną od miłościwéj Cesarzowny.—Do kogo idą?—Idą do Starościnéj, gdzie onegdaj widzieliśmy cnotliwą siostrzenicę Burmistrzowéj. —Kogo Pan widzisz w pokoju swoich szacownych sióstr?— Widzę tylko naszę świegotliwą szewcową, która ma gołębia i piękne białe gołębice.—Którą teraz ma przyjaciółkę nowa sąsiadka Pana, brzydka a jednak przyjemna Hrabina Michałowska z Sapiehów?—Niema przyjaciółki w tém mieście.— Gdzie widziałyście Panny Michałowskie?—Widziałyśmy je w domu naszéj ochmistrzyni.—Dokąd idzie piekarka z swojémi dziećmi?—Idą do jéj teścinéj (teściowéj), krnąbrnéj grzésznicy, którą widziałaś wczoraj w bałwochwalni.—Czy ma dobre towary stara tandeciarka?—Ma dobre towary z szwedzkiego żelaza i czeskiego szkła; dobre noże, nożyce, ostre scyzoryki, okulary i szklanki.—Jakie ma zwierzęta Duńczyk?—Duńczyk i Polak mają w swoim zwierzyńcu srogie lwice, białe niedźwiedzice i czarne orlice.—Towarzysze! Widzieliście już żarłocznego wilka z wilczycą i tygrzycę w zwierzyńcu odludnego Anglika?—Nie widzieliśmy jeszcze jego zwierzyńca, ale widzieliśmy bałwochwalnią z piękną Wenerą.—Czy idzie pilna uczennica do swojéj ochmistrzyni? —Nie, idzie od niéj do dumnych płochych kupcowien.— Co dał Królewicz Wrocławianom?—Dał wiernym obywatelom starego, ale pięknego miasta Wrocławia wiele nowych i ważnych przywilejów.

Zadanie 32.

Kto idzie z młodą Holenderką na ten okręt?—Młody a gadatliwy starościc i starzy mądrzy Hiszpanie, jego ochmistrzowie i przyjaciele.—Czy widziałaś Panno piękną, powabną i miłą Greczynkę z samcem skowronkiem, który dała dzisiaj głupiéj blacharzance?—Widziałyśmy ją wczoraj z jéj przyjacielami i przyjaciółkami, bogatymi Rossyanami, Szwedami, Rossyankami i Szwedkami w teatrze.—Co masz w tym nieczystym papierze?—Mam śledzia-ikrzaka.—Jakiego kupczyka ma teraz brat twój w Lipsku?—Ma pracowitego poćciwego (rzetelnego) człowieka i zdatnego przedawcę.—Kto tam idzie na teatr z cudzoziemskimi Panami?—Kupcowa z swoją pasierbicą, młodą kupcową.—Komu dała Richterowna starego kota?—Dała sędziance ładną kotkę i samicę-wróbla.—Jaką macie wujenkę?—Mamy surową wujenkę, a dobrą, łagodną i hojną stryjenkę.—Czy już widziałeś cudzych taneczników i tanecznice?—Widziałem nowe aktorki, ale taneczników jeszcze nie widziałem.—Pani Dobrodziéjko! jakiego masz pasierba?—Niemam pasierba w moim domu, ale złą, kłótliwą szwagrową i pobożną teściową.

Zadanie 33.

Z kim widzieliście naszego Juliusza w ogrodzie?—Widzieliśmy Juliusza, Magdalenę i Kasię z ich wesołymi towarzyszami pod owém wysokiém drzewem.—Czyj kapelusz ma szpetny Michał w swoich brudnych ręku?—Ma grzecznego Pawła.—Czy Jaś wasz ma nową sukienkę?—Jaś nasz ma jeszcze swoję starą suknią, ale nowe bóty i barchanowe gatki (spodnie).—Czy Panowie widzieliście ubogiego Wawrzyńca w wrotach naszego podwórza?—Widzieliśmy go z jego wierną charcicą na ulicy.—Czyje kréski dała Elzusia Kubie?—Kreski naszego Stacha i czapkę Tomaszka.—Dosiu! czy już dałaś brudy praczce?—Dałam, matusiu! Czy Marynia ma nożyczki Esterki, czy swojéj szwagrowéj?—Ma nożyczki swojéj sąsiadki, kupcowny.—Małgosiu! Nie miałaś znowu rękawiczek tatusia?—Widziałam jego białe skórzane rękawiczki pod jego kapeluszem na czerwonym stole w owym kącie pokoju z niebieskiém obiciem.—Czy Sobek ma wiele książek?—Ma dosyć książek, ale mało dobrych i pożytecznych.—Czy Panowie już widzieliście wspaniałego Apollona Księcia Jagiełły?—Nie widzieliśmy jeszcze jego zamku z sławnémi obrazami i posągami.—Czy nie miałeś trzewików Hrabinéj? Miałem trzewiki Hrabianki.

Zadanie 34.

Kto ma teraz pstre chrabąszcze (chrząszcze) i rzadkie motyle, które ci onegdaj dałem?—Ja sam mam i te i owe; nikomu ich nie dałem.—Z czém idą cieśle, których widzimy na tym manowcu, do lasu?—Idą z piłami i siekierami do boru (sośniny) Pana Hrabiego.—Co wam dały łagodne Francuzki, które idą do Królewskiego zamkowego ogrodu z ich dumnémi przyjaciółkami?—Francuzki nam nic nie dały, ale hojne Angielki dały nam wiele jabłek, śliwek i orzechów.—Jędrzeju! Czy ty idziesz do krawca, czy Wojciech?—Nie ja, ale Piotr idzie z nim do krawca.—Czy widzicie tamtę jasną gwiazdeczkę na niebie?—Widzimy; ale tamte kobiéty jéj nie widzą.—Czy nie widzą i tę kotkę pod owém drzewkiem?—Widzą kocisko w gałęziach tego okazałego dębu, gdzie my widzieliśmy wczoraj ładne wiewiórki.—Czy ktoś widzi to małe pismo na srebrnéj pieczątce? My je widzimy.—Z kim widzisz mojego opieszałego ucznia?—Często go widzę z lada kim na ulicy albo w lesie.—Czy masz co pięknego?—Ja nic pięknego niemam, ale nasi dobrzy polscy przyjaciele mają coś bardzo pięknego.—Nie widziałeś Pan kogokolwiek w naszym domu?—Widziałem. —Ojciec twój dał komukolwiek swój srebrny zegarek z ciężkim złotym łańcuszkiem.—Czy tu widzieliście kogoś sługę?—Widzieliśmy starego sługę Księcia z Księżniczkami. —Kiedy mnie (mię) widział twój brat w Paryżu?—Ciebie brat mój tam nigdy nie widział.—Dał on towary mnie albo kupczykowi mojemu?—Ni Panu, ni kupczykowi ich niedał; dał je nam.—Które chłopcy idą dziś do kaznodziei?—Ja nikogo jeszcze nie widziałem.—Czy dzieci same były w domu?—Dozorczyna ich była z niemi w domu.—Czy Pan widzisz czasem mojego szwagra samego?—Zawsze go widzę z jego małżonką, albo złą teściową.—Czy widział ciebie samego?—Widział tylko mojego sługę z moim koniem; ja sam byłem w lesie.—Gdzie się widzieliście z sobą?—W Dreźnie widzieliśmy się co tydzień, a tu się widzimy z sobą codziennie.—Zkąd idzie stryj z stryjenką?—Idą od siebie.— Kogo Panowie macie z sobą?—Mamy zawsze kogoś z sobą. Czemu nie idziecie do szkoły?—Jeszcze nie mamy śniadania.

Co do mnie, ja mam już moje śniadanie, ale mam coś złego (nicpotém).—Co masz złego?—Mam bardzo złe trzewiki.—W czém miał żebrak swój chléb?—Miał go w czémsiś starém.—Czy twoi bracia idą do niego?—Nie idą do niego, ale do niéj.

Zadanie 35.

Którym uczniom dał nauczyciel wasz piękne polskie poemata, które widzieliśmy wczoraj?—On ze wszelką przyjaźnią dał niektóre poemata tym ze swych uczniów, którzy mieli wszystkie swe książki i zeszyty w porządku.—Czy każdy nauczyciel waszego gimnazyum ma tak (takich) pilnych i posłusznych uczni, jak Pan N.?—Nie wszyscy nauczyciele mają takich uczni; niektórzy mają bardzo leniwych i nieposłusznych.—Niemasz jakiego takiego własnego albo kogo innego ołówka?—Niemam ani mego, ani kogo innego.—Co mi to za ołówek, który mi dałeś! Nie masz innego?—Mam tylko ten.—Czy widzieliście nieprzyjacielskie wojsko, które idzie do Warszawy?—Widzimy teraz żołniérzy ze wszech stron.—Czy dałeś krawcowi wszystko sukno, co miałeś?—Nie dałem mu wszystkiego sukna, ni wszystkiego płótna.—Czy każdy wasz chłop ma krowy, świnie i owce?—Niektórzy chłopi mają tylko krowy, niektórzy tylko świnią, a inny niema nic.—Jakie piwo ma nasz sąsiad?—Wasz sąsiad ma nijakie piwo, ale nasz ma zawsze dobre piwo i wszelką dobrą wódkę.—Czy twoi rodzice mają co dzień goście w domu?—Nie mamy ich co dzień, ale tylko co tydzień.—Czy każden z ludu miał strzelbę?—Kto miał ręce, miał jakikolwiek oręż, ale tylko nie wiele miało strzelby.—Wielu obywateli miało (niejedni obywatele mieli) tylko swoje kosy lub siekiery w rękach.—Czy ten żyd ma nasze konie, czy kogo innego?—Ani żyd, ani kto inny niema naszych koni; mamy je w stajniach na naszém podwórzu.—Gdzie ma Wasz sieczkarnią, którą mu dałem wczoraj?—Mój dał ją swemu szwagrowi.—Czy Pan widziałeś tych Jenerałów, którym miłościwy Król dał miecze zaszczytne?—Wszystkich widziałem w koronie obywatelskiéj i z mieczami w ręku na ich ustrojonych rzeskich koniach.—Gdzie ich widzieliście?—

Widzieliśmy ich jeszcze na dziedzińcu.—Co gości miała Pani wczoraj?—Nikogo nie widziałam w jéj domu.—Czy już widziałaś moje nowe jedwabne trzewiki?—Kiedyś cię widzę, masz coś nowego.

Zadanie 36.

Jaki motyl dał Sobek Matyaszce?—Jemućto dał piękną trupią główkę, a mnie ladajakiego białego motyla.—W którymże słowniku widziałeś to rzadkie słowo?—Widziałem je w tymże samym słowniku, który teraz masz.—Czyjeż córki miały książki modlitwy w kosztownych pozłocistych oprawach?—Sędzianki, które widzieliśmy onegdaj z ich pobożną matką w ewanjelickim kościele.—Czy ojciec twój teraz ma ów stary zamek, czy twojego towarzysza?—Mójto go ma, jego zaś ma teraz nasz folwark z wszystkiémi budynkami gospodarskiémi.—Nie twój, ale Józefa ojciec ma to stare dobro szlacheckie z massywnémi budynkami gospodarskiémi.—Czy wszyscy ludzie w tym kraju mają takie piękne i przepyszne szuby?—W tymcito kraju mają ludzie takie szuby.—Kto w waszym kraju ma dobrą szubę, ma ją z naszéjto ziemi.—Onże dał ci owies?—Onato mi go dała; on nic mi niedał.—Co macie nowego i dobrego w waszém mieście?—W naszémci mieście mamy mało nowego i rzadko coś dobrego.—Niemasz Pan jakiegobądź powabnego romansu? —Ja nijakiego (żadnego) niemam, ale brat mój ma niektóre.

Zadanie 37.

Czyjże ten biały zamek, co tam widzimy?—Zamek jest Hrabiego, ale nie biały, tylko żółty.—Jakie to pokoje są w tym zamku?—Są to wielkie i chędogie z stołami i krzesłami (stołkami) z mahoniowego drzewa, które jest bardzo dobre, ale i bardzo drogie w naszym kraju.—Jakie to budynki jego sąsiada, Księcia B.?—Tylko małe i niskie;

szkło w oknach nie jest białe, ani zupełnie czyste.—Bogaty to Książę?—Bardzo bogaty; ale jego słudzy nie są wierni, ani pilni; chłopy jego mają wiele bydła i dobrego, ale nie są pracowite, a Pan ich nie dosyć surowy.—Czy Księżna jest szczęśliwa.—Ona bardzo szczęśliwa. - Książę jest bardzo przyjemny (miły), i ona ma walecznych synów i piękne i cnotliwe córki.—Ona ma Angielskie karety, które są bardzo wspaniałe, Arabskie konie, które bardzo żwawe, i przyjaciółkę, która jest szczéra i wierna.—Czy synowie Pana mają dobrego nauczyciela?—Nauczyciel jest dobry i pilny, ale nie bardzo surowy, a moi synowie są niebaczni (nieuważni) i opieszali.—Czy chléb jest świeży, który ma nasz piekarz?—Już nie jest świeży i bardzo kwaśny.— Jaki ma cukier nowy kramarz na téj ulicy?—Ma dobry i tani cukier, ale jego Holenderski sér jest nicpotém i drogi. —Niemasz innéj izby?—Mam inną, ale [jest] bardzo zimną [zimna].—Wszystkie me izby są jasne i powietrze w nich zawsze jest świeże i dobre.—Jeszczeż chory brat Pana?— Nie, Panie Dobrodzieju! Już jest zdrów i wesół, ale biedny mój towarzysz Tomasz jest chory i siostra jego Bieta jeszcze bardzo słaba.—Jakie ma książki uczeń Pana?—Ma Angielskie i Francuzkie; tamte są dobre i pożyteczne, ale te są niedobre.—Czy ten człowiek jest świadom i pilny?— Jest świadom, pobożny i pracowity, ale jest bardzo ubogi; jego żona jest słaba i chora, jego synowie są rozpustni i jego córki niecnotliwe.—Czy Pani niemasz trochę śmietanki? —Mam dosyć śmietanki, ale nieświeża i już kwaśna.

Zadanie 38.

Szczéryżeś, mój przyjacielu?—Jestem szczéry, ale Pan jesteś bardzo surowy.—Czy moja herbata już gotowa?— Herbata w prawdzie już gotowa, ale ja jeszcze nie gotowa. —Słodka czy gorzka herbata Pana?—Moja herbata jest gorzka i zupełnie zimna, a niemam ani mléka, ani cukru.— Jaki masz zeszyt?—Zeszyt, który ja mam, jest porządny, ale zeszyt pewnego chłopca nie wiele wart.—Czy kontenci wasi nauczyciele?—Nie są kontenci.—Jakiego ochmistrza mają córki Pani?—Ochmistrz mych córek jest to godny człowiek.—Jest syn Pana wdzięczen swemu nauczycielowi? —On niegodzien takiego nauczyciela.—Czy teatr pełen?— Bardzo próżny.—Komu Pan dałeś pełny wór?—Dałem pełny wór memu pewnemu parobku.—Jest nowy sługa pewny?— Każdy mój sługa jest pewny, ale pewien sługa mojego szanownego teścia nie bardzo pewny.—Jakie cielęta dałeś Pan rzeźnikowi z miasteczka?—Dałem mu tylko chude cielęta, które nie wiele warte.—Czy rzeźnik kontent?—On jest kontent, ale ja nie jestem bardzo wesół:

Zadanie 39.

Jużeś Pan był w wielkiéj i pięknéj Warszawie?—Niedawno widziałem stare miasto Warszawę z jego ozdobnémi budynkami i zamkami.—Jakażto wieś ten Staropol?—Wieś Staropol jest piękna, wielka i wiele warta.—Komuś Pan dał mój próżny kałamarz i moję piaseczniczkę?—Dałem je Antoniemu.—Był inkaust w kałamarzu?—Trochę bladego.— Kto ma Pietrową (Piotra) cynową łyżkę i talérz?—Szewczyk Paweł ma jego łyżkę, ale nie talérz.—Nie widzę na stole ani obrusa, ani serwet, ani chleba, ani soli, ani octu, ani pieprzu, ani noży, ani widelcy.—Czy widzisz co innego?— Widzę butelkę świeżéj wody, szklankę dobrego wina, talérz ryb i nieco zimnego pieczystego.—Któż jest chory w tym domu?—Albo ojciec, albo syn jest chory; matka i córki są zdrowe i wesołe.—Czy Pani także była w teatrze?—Z dziećmi była w teatrze.—Nie byłaś Pani w kuchni piekarki, gdzie wiele nowych glinianych i porcelanowych talérzy i garków?—Ja i moja siostrzenica tam byłyśmy.—Czy Państwo już byli w Węgrzech?—Byliśmy w niektórych miastach Węgrów, ale tam widzieliśmy tylko złe domy i kościoły.— Czy Państwo już widzieli posąg na długim moście?— Jeszcześmy tam nie byli.—Dokąd idą ci weseli studenci?— Byli na wsi w którejkolwiek karczmie, a teraz idą do swego Professora, który jest w Uniwersytecie.—Ludwiku i Marysiu! Gdzieście byli?—Byliśmy na Nowym rynku, gdzie

— 29 —

było wiele chłopów i chłopek; tamci mieli zboże i bydło, te miały gęsi, kaczki, kokosze i gołąbki.—Czy Panu jest pewny ten człowiek, co Pan mu dałeś tak wiele pieniędzy? —On mi zupełnie pewny.

Zadanie 40.

Są wszyscy młodzieńce skromni i wszyscy starce mądrzy? —Nie wszyscy młodzieńce są tak skromni, jak młody Polak i Rossyanin, którzy byli wczoraj u naszej kochanej siostry, a niektórzy młodzieńce są mędrsi od starych szalonych.— Gdzie są wszyscy nasi uczniowie i uczennice?—Nasze uczennice wszystkie są w ogrodzie, a największa część naszych uczni jest w lesie lub na łące.—Czyjże dom większy?—Dom mego wuja jest większy i wspanialszy nad dom (ob. od domu) mego stryja, który jest mniej bogaty jak ów.—Czyj ogród najpiękniejszy ze wszystkich?—Nasz ogród w którymeś Pan był wczoraj ze swémi dziećmi, jest największy w naszém mieście; jest i droższy od ogrodu Hrabiego.— Kto jest uczeńszy, czy ojciec, czy nauczyciel Pana?—Mój nauczyciel jest uczeńszy od mego ojca, ale nie tak mądry.—Jestże szkło w tych oknach tak białe, jak w nowém zwierciadle Pani?—Szkło w oknach jest bielsze, ale cieńsze i mniej czyste, niż szkło tego zwierciadła, które jest najczyściejsze szkło, co tu widziałam.—Czy kupiec Pana jest tańszy, niż mój?—Nie tylko on jest tańszy, ale i jego towary są lepsze.—Bogatszy on od (ob. nad) swego sąsiada?—On najbogatszy między kupcami téj prowincyi.—Jesteś Pan starszy od swojéj siostry?—Nie, ona starsza.—Czy córki Konsyliarza są tak powabne, jak twe synowice?—Moje synowice są to bardzo powabnémi dziewczynami, ale twoja krewna jest również ładna, a nie tylko powabniejsza, ale i mędrsza od nich; najmędrsza zaś i najpowabniejsza z tych dziewczyn jest ich ochmistrzyni (guwernantka).—Czyjże koń jest mniejszy, Pana albo dumnego Wiedeńczyka?—Jego koń jest najlepszy między témi wszystkiémi koniami.—Czy ten złoty kubek miąższy od nowego kubka, który mieszczanic dalie staremu szacownemu Burmistrzowi?—Ten kubek nie tak miąższy, ale większy i bardziéj kunsztowny.—Lepsza nowa droga od staréj?—Ona tylko szérsza, ale chropawsza.—Jakiżto człowiek ten nowy ksiądz?—To najpobożniejszy i najlepszy ze wszystkich ludzi.—Czy mu dałaś gorącą wodę?—Woda, którą mu dałam, była gorętsza od téj, którą mam w téj szklance.—Są te trzewiki przestworniejsze od starych?—Stare trzewiki Pana były mniéj przestworne, jak te.—Która ulica dłuższa?—Nowa ulica jest dłuższa, ale i bardziéj kręta, niż stara.—Czy Pan masz inny płaszcz, jak swój przyjaciel?—Mam inny a nie lepszy płaszcz jak on (od niego).—Sukno w mym płaszczu jest gęstsze, ale i grubsze, niż w jego.

Zadanie 41.

Czy suknia Pani tańsza, niż synowicy Pani?—Moja suknia jest daleko droższa niż synowicy, a jéj jeszcze tańsza, niż naszéj dobréj matki, która ma wcale tanią bawełnianą.—Czy książeczka, którą Pan dałeś swemu najlepszemu uczniowi, była nowsza od mojéj?—Książka, którą mu dałem, była jeszcze zupełnie nowa i miała jak najpiękniejsze obrazki.—Czemuż Państwo idziecie tak często do prostego cieśli?—Cieśla, do którego czasem idziemy, jest bardzo zdatny i jak najbardziéj wykształcony i najdelikatniejszy człowiek na naszych dobrach (wsiach).—Ma jak najobfitszy zbiór modeli jak najsławniejszych gotyckich budynków w Europie.—Niema kupiec lepszych chustek, jak te?—Te chustki są za małe i [za] drogie.—Ma inne, ale jeszcze daleko mniejsze i cieńsze.—Niemasz szérszych bótów?—Te są trochę ciaśniejsze.—Bóty twego sąsiada są zawsze za wielkie i bardzo drogie, ale też jak najładniejsze, jakiem niegdyś widział.—Jakiego ptaka dał Panu Włoch?—Dał mi zielonawego papugowatego a gładziuchnego ptaka, który jest trochę większy od wróbla.—Jest to tani ptak?—Jest wielce rzadki i dosyć drogi, a ja niemam dosyć pieniędzy.—Czyś Pan widział ubożuchną brunatnawą dziewczynę z jéj czarnawym pieskiem i z chorém dziecięciem?—Daliśmy jéj czasem starusienkich sukien i dosyć dobre koszule.—Czy Pan widziałeś młodą Hrabinę w jéj nowéj karecie?—

Widziałem karetę; ona jest wspanialsza od karety Królowéj, która ma jak najwspanialszą karetę i jak najlepsze konie w kraju.—Czy Pan już widziałeś nowy letni dom Cesarzewicza?—Nie bardzo jest piękny i cokolwiek ciemny. —Okna jego są nadto nizkie, a szkło ich żółtawe i nie zupełnie czyste.—Stary jego dom był większy i miał szérsze okna ze szybami zwierciadlanémi z najczyściejszego szkła. —Czyś Pan już widział mój nowy czarny frak?—Wczoraj go widziałem; sukno w nim nie jest tak czarne, jak w starym i nadto grube.—Sukno jest trochę grubsze, ale i daleko trwalsze.—Jestże córka Pani teraz weselsza, niż przedwczoraj?—Ona jest czasem zupełnie wesoła, ale często bardzo smętna.—Co masz Pan nowego?—Mam teraz bardziéj żwawego konia, aniżeli cisawy koń Pana. (Mam teraz konia, który jest bardziéj rączy od cisawego konia Pana).

Zadanie 42.

Jakiżto człowiek jest nowy nasz Burmistrz?—Nasz nowy Burmistrz jest świadom praw i zawiadywania i wart zaufania naszych mieszczan.—Czy mieszczanie bardzo mu przychylni? —On jest bardzo miły wszystkim.—Jest ten karzeł, któregośmy widzieli wczoraj w ogrodzie Burmistrzowéj, tak wysoki, jak młodszy syn Pana?—Mój syn dłonią wyższy nad niego.—Czy masz już wszystkie narzędzia, które każdemu stolarzowi potrzebne?—Jeszcze mi potrzebne warsztat stolarski i piła.—Czyś Pani już widziała Księcia, który teraz jest tu?—Widzę go czasem w teatrze.—On najstarszy i najsławniejszy Książę swego plemienia i dobry Pan, przychylny najuboższemu i najniższemu, bardzo pomocny wszystkim dobrym obywatelom, a osobliwie zdatnym i pracowitym rzemieślnikom; ale właśnie tak straszny złym i leniwym.—Jakito człowiek jest jego drugi brat?—Ten jest trochę za chciwy na sławę; ale i on wybornego serca, bo wspaniałomyślność przyrodzona tym wszystkim braciom.— Czy wół Pana jest cięższy, niż garbarza?—Wół mój był cętnar (cętnarem) cięższy od jego, a wiele tańszy.—Jesteś jeszcze winien temu młynarzowi?—Jużem mu nic nie winien.—Jakie książki dała Pani swéj córce?—Dałam jéj tylko takich książek, jakie pożyteczne młodym czytelniczkom. —Czy ona jest starsza od synowicy Pani?—Ona miesiącem od niéj młodsza.

Zadanie 43.

Młodszy brat Pana jest tak blady z twarzy, czy chory?— On zbyt chciwy na cukier i inne łakocie i jest teraz bardzo chory na zęby.—Komuż on podobien?—Ani ojcu, ani matce nie podobien, którzy są bardzo mierni w jedzeniu i napoju; ale mój brat w ogóle skłonny do wszystkich mu nie pożytecznych rzeczy.—Czy jego nauczyciele są zadowolnieni z niego?—On chętny i bardzo pilny w swych lekcyach i pracy.—Czy obcy mechanik ma dobre okulary i inne instrumenta?—Ma tylko bardzo dobre użyteczne rzeczy, bo on sam jest bardzo biegły w Matematyce i bogaty w pomysły, a tylko słaby w rysowaniu, bo nie jest stały w swych przedsięwzięciach.—Nie widziałeś gdzieś mojéj nowéj szczotki do trzewików?—Widziałem ją pod tym okrągłym stolem w owym kącie.—Gdzie jest parobek do pługa?—Widziałem go z wołami i koniami na polu.—Daleka rola Pana od wsi?— Moja rola jest to najbliższa do wsi.—Jestże nowy młynarczyk inny od drugich, którzy byli ociężali do pracy i nie zdolni do pytlowania?—On przykładny w pilności i bardzo zdatny. Któż jest ten młodzieniec, który idzie do ojca Pana?—Jest to pewien przyjaciel naszego domu, człowiek godny miłości i szacunku wszystkich porządnych; także on nam jest tak miły i pożądany, jak starszy jego brat nam i wszystkim innym ludziom jest nienawistny i przykry.—Co ma na oku? —Biedny jest trochę ciemny na oczy, bo był niebaczny w malowaniu.—Czy Francuzi byli śmieli w boju?—Większa ich część była śmiała, a tylko niektórzy byli niestali w wierności.—Czy najstarszy syn towarzysza Pana już zupełnie zdrów?—On wcale jeszcze nie zdrów, bo jest bardzo słaby na nogi i nie zdolny do pracy.

Zadanie 44.

Byłeś Pan w królewskim zamku?—Byłem.—Coś Pan tam widział pięknego?—Widziałem tylko tamtejsze stajnie z angielskiémi końmi (koniami).—Gdzie jest teraz nowa francuzka kareta Hrabiny Ramińskiéj z Książąt Ponińskich?—Nowa kareta jest w teraźniejszym ozdobnym hrabiowskim letnim pałacu, który jest blisko naszego miasta.—Komuś dała miedziany kocieł?—Nikomu go nie dałam, ale mosiężny dałam sąsiadce.—Gdzie masz starą jodłową beczkę?—Jest na podwórzu albo w piwnicy.—Czyś jeszcze nie widziała mojéj sukiennéj zimowéj sukni?—Gdzie masz ją?—Dałam ją tutejszemu krawcowi.—Czy bednarz ma dobre dębowe beczki od (ob. do) wina z żelaznémi obręczami?—Winiarz ma ich wiele starych a jeszcze użytecznych, w swym winnym sklepie przy Szerokiéj ulicy.—Stare beczki są daleko lepsze od nowych, bo już mają mocny winny zapach.—Gdzieś Pan był z swym braterskim przyjacielem Pawłem, synowcem naszéj tutejszéj gospodyni?—Byłem z starym wiernym przyjacielem w nowéj żydowskiéj bóżnicy.—Czy jest bardzo piękna?—Jest bardzo prosta bez wszelkiéj ozdoby.—Nie widziałeś Pan lisiego tropa w śniegu?—Widziałem wilczy trop.—Gdzieś Pan widział borsuczą jamę?—W tym lesie nie daleko od pomieszkania leśniczego.—Czy ciesielczyki są jeszcze na ciesielskim warsztacie?—Widziałem (je) ich z starym koniarzem w jego stajniach.—Jaką miał lulkę Turek?—Miał wspaniałą lulkę z końcem z bawołowego rogu i z główką z najlepszéj Miśnieńskiéj porcelany.—Czy także miał dobry turecki tytuń?—Miał kilka funtów jak najlepszego, ale jest nader drogi.—Dokąd idą weseli majtkowie (ob. wesołe majtki)?—Idą do hiszpańskiego okrętu.—Czy litewscy wieśniacy są jeszcze w naszéj wsi?—Dziś ich jeszcze nie widziałem.—Dokąd idziecie?—Idziemy do niemieckiego kościoła, który w najbliższém miasteczku.—Komuś dała mą zieloną letnią suknią?—Krawcowéj Pani.—Dokąd idzie Kuba z starym poćciwym Michałem?—Idą do walecznego polskiego Jenerała.

Zadanie 45.

Zkąd idziesz, mój przyjacielu?—Idę od mego kochanego towarzysza Bogdana podsędzica.—Czy był w domu?—On był w domu z niektórymi młodzieńcami, którzy mnie już byli znajomi i swojém postępowaniem i pilnością są godni pochwały i miłości wszystkich dobrych ludzi.—Dokąd idziecie?—Byliśmy u naszego nauczyciela francuzkiego języka i idziemy do domu.—Wiele miało omyłek w wysłowieniu twoje tłumaczenie?—W mojém tłumaczeniu były tylko niektóre błędy pisarskie.—Gdzie masz mój drewniany lichtarz?—Ani miałem, ani widziałem go.—Czy Pan miałeś dobry nocleg w baronowskim zamku?—Nocleg był bardzo dobry, ale wino, które nam dali, było jakie takie. Widzieliście Państwo Warmieńskiego Biskupa, który był tu ze swym książęcym bratem?—Nie widzieliśmy ani jego, ani jego brata, Jenerała.—Kto ma takie sakiewki, jakie Pan masz?—Złotnik ma tanie sakiewki ze złotémi lub śrebrnémi zameczkami.—Wiele pieniędzy wuj Pana dał Panu?—Mój wujaszek jest to wielki liczygrosz, który nigdy niedał mi dosyć pieniędzy.—Jakie suknie miały młode Panie, któreś Pan widział dziś w katolickim kościele?—One miały czarne suknie z francuzkiéj kitajki i niebieskie z aksamitu.—Co były to za Panie?—Były to Francuzki cudownéj piękności.—Czyś Pani już była w ogrodzie tutejszego Wójta?—We wojtowskim ogrodzie jest wiele cienistych miéjsc pod kwitnącémi drzewami.—Coście Panowie widzieli w owym domu?—Widzieliśmy dzikich ludzi z pierścieniami w nosie, lecz ich nie widzieliśmy w owym domu, ale w publicznym miejskim ogrodzie.—Jest rzecznik Pana bardzo świadom nauki prawa?—Bardzo, i nie mniéj zdolny do swego urzędu.—Coś Pan dał owemu bezczelnemu darmojadowi?—Baty mu daliśmy.

Zadanie 46.

Czy Pan byłeś kiedyś w Paryżu?—Częstom był w Paryżu.—Tam czasem widziałem Królową Angielską w teatrze albo na przechadzce.—Ona to niewiasta majestatecznego wzrostu i twarz jéj ma wyraz wielkiéj ludzkości.—Z kim Pan idziesz do Rzymu?—Idę tam z Panem Bogumiłem, utalentowanym człowiekiem, świadomym wszystkich nauk i kunsztów, bogatym w dary przyrodne, stałym w miłości i przyjaźni i bardziéj do mnie skłonnym, niż do swych krewnych.—Coś Pan w Rzymie widział pięknego i pamiętnego?—Widziałem najsławniejsze starożytne i nowe budynki, obrazy Rafaela w Watykanie, w ogóle wszystko, co jest pięknego i ciekawego w wiekopomném mieście, obfitém w skarby starego i nowego czasu.—Dokądże idzie ztąd twój towarzysz?—Idzie do żyda, który ma gniadego ogiera, coś Pan go widział na mém podwórzu.—Czy żyd jeszcze ma cisawe jednoroczne źrebię?—Teraz je ma pełnoletni siostrzeniec naszego sąsiada. — Zkąd idziesz z témi soczystémi gruszkami?—Idę z niémi z owocorodnego ogrodu zgrzybiałego i nadzwyczajnie bogatego wieśniaka.—Chora jeszcze oblubienica naszego przyjaciela?—Kochany bracie! Nie wszyscy ludzie bladéj cery są niemocni; dziewczyna ta zupełnie jest zdrowa.—Jéj twarz jest biała jak lilia, ale i obyczaje jéj są czyste jak anielskie, i serce jest pełne wszystkich cnót.—Serce zaś jéj ojca jest próżne od ludzkości i litości, i skłonne do wszystkich złych dzieł.

Zadanie 47.

Ile (jak wiele) palcy ma człowiek u każdéj ręki?—Pięć palcy.—A wiele rąk ma każdy człowiek?—Ma dwie ręce. —Wiele ma jabłek ta kobiéta w swym fartuchu?—Kobiéta niema wiele jabłek w swoim fartuchu; ma tylko dwadzieścia dwa.—Niemasz Pan dwu talarów czyli sześć złotych?— Mam tylko dwa złote.—Do kogo idą ci sześć (sześciu) studentów?—Idą do starego Doktora, który ma najliczniejszy księgozbiór w naszém mieście.—Ile ma książek?—Sześć tysięcy ośmset dziewięćdziesiąt siedem książek w dziewięciu tysiącach dwieście (dwóchset) czterdziestu i trzech tomach (częściach) i z osiemset osiemnaście (ośmiąset osiemnastą) wizerunkami.—Czy ma i piękne obrazy olejne?—Ma cztery znamienite krajobrazy i kilkanaście pięknych portretów.— Dokąd idzie ten siwiec z oboma swymi synami?—Idą do Jenerała, który ma dwa kare konie.—Jak wiele ma Berlin mieszkańców?—W Berlinie jest ich pięć kroć i kilkanaście tysięcy.—Co Pan dałeś owym dziesięcin czeladnikom?— Sześciom dałem pieniędzy, trzem stare suknie, a jednemu stary kapelusz i bóty.—Czy Pan widzisz owych czterech jezdzców?—Widzę tylko jednego jezdzca ze dwoma cisawemi koniami.—Jak wiele widzisz jezdzców?—Widzę czterech jezdzców.—Wiele dzieci ma brat Pana?—Ma dziewięcioro dzieci; siedem synów i dwie córki.—Są synowie młodsi od córek?—Obiedwie córki są młodsze niż ich siedmiu braci.— Czy Pani miała wczoraj wiele gości?—Dwóch braci mego małżonka z trzynastu ich synami było w naszym domu.— Gdzie są teraz dwaj starsi bracia Pana?—Obadwaj są we Lwowie.—Z ilu żołnierzami idą Francuzi do Hiszpanii?—Z milionem i kilka kroć tysięćmi ludźmi.—Co ma dowódzca owych dwudziestu jeden rozbójników?—Ma dwie młode powabne panny, obie starsze córki tego podróżnego.—Widziałaś Pani narzeczonych tych obu sióstr?—Widziałam tylko narzeczonego jednej.—Jak wielu jest uczni w tej szkole?—W tej szkole jest sześć klass z dwómaset osiemdziesiąt (ośmiudziesiąt) jeden uczniami.—Czy widzisz żniwaków na naszem polu?—Widzę trzy żniwaczki, ale ani jednego żniwaka.

Zadanie 48.

Kto z was jest starszy?—Kazimierz jednym rokiem i pięć (pięciu) miesiącami starszy odemnie, a Paweł jest najstarszy z nas.—Wiele ma lat ten kasztan?—Ma do osiemdziesiąt sześciu lat.—Czy dłużnik Pana już dał Panu ostatnie sto dwadzieścia talarów?—Dopiero mi dał osiemdziesiąt talarów bez dwóch złotych.—Ile mil mamy ztąd do Krakowa?—Nie omal trzydzieści sześć mil.—Które jest największe miasto w Europie?—Londyn, stolica Anglii; ma wzdłuż cztery mile francuzkie, a wszerz omal dwie mile francuzkie, pięć tysięcy ulic, sto trzydzieści tysięcy domów i niemal milion obywatelów.—Byliście wszyscy w zamku?—Sześciu z nas było w zamkowym kościele, dwunastu z naszych towarzyszów na dziedzińcu, a na wieży było nas sześciu.—Jak wysoka jest wieża?—Ma koło sto osiemdziesiąt stóp wzwyż, a jego mury grubsze niż pięć stóp.— Panie! Wiele lat ma twój synek?—Ma dopiero osiem miesięcy i cztéry dni.—Masz Pani jeszcze dzieci oprócz tego? —Mam jeno jeszcze jednę córkę o trzech latach.—Gdzieście byli obadwaj?—Byliśmy z naszym kochanym ochmistrzem na wielkiéj zielonéj łące, która teraz pełna pięknych wonnych kwiatów; ale teraz me ręce są lodowate.—Z ilu ludźmi idą Francuzi do Rossyi?—Z dwadzieścia pięć tysięcy piechoty i osiemnaście tysięcy jazdy (konnicy).—Wielu teraz obcych officerów w waszéj wsi?—Jest w naszéj wsi siedmiu Angielskich Jenerałów.—Ci siedmiu Jenerałowie mają do piętnastu Adjutantów i kilkudziesiąt innych officerów u siebie.

Zadanie 49.

Czyś Pan widział już białą salę w nowym królewninym zamku?—Widziałem.—Jest to największa i najozdobniejsza sala, którą kiedyś widziałem.—Ma dwieście czterdzieści i trzy stóp wzdłuż, siedemdziesiąt dwa na szérz, a trzydzieści wzwyż.—Czy największy pokój tego zamku jest większy od naszéj zielonéj sali?—Jest z kilkadziesiąt stóp kwadratowych większy i ze cztéry stopy wyższy od sali (nad salę) Pani.— Ile ma okien?—Na każdym najdłuższym boku jest po osiem okien, każde okno po trzy stopy szérokie a po dziewięć stóp wysokie.—Ile nakrycia było w każdym pokoju?—W jadalni było sto ośmdziesiąt cztéry nakrycia, w każdym drugim pokoju po pięćdziesiąt albo po sześćdziesiąt.—Wiele lat miał najstarszy gość?—Był to starzec dziewięciu-(dziewięć-) dziesiąt i jednego roku bez czterech miesięcy, ale był jeszcze zupełnie czerstwy i daleko weselszy od wielu młodzieńców.—Wiele ma lat najmłodsza uczennica Pana?—Ona niespełna {piętnaście lat.—Czy najstarszy syn

Pani już ma dwadzieścia pięć lat?—On już ma nie omal trzydzieści lat.—Ile (ilu) latami jest on starszy od bratunka Pani?—Tylko trzema latami i dwoma miesiącami jest starszy od niego.—Ile jest w roku miesięcy po trzydzieści dni, a ile po trzydzieści jeden (i jednym)?—Siedem jest w roku miesięcy po trzydzieści jeden dzień, cztéry miesiące po trzydzieści, a jeden miesiąc po dwadzieścia osiem, albo po dwadzieścia dziewięć.—Ale ile tygodni w roku?—Rok ma pięćdziesiąt dwa tygodnie i jeden dzień, albo dwa dni.—Ile ma godzin każdy dzień?—Doba ma dwadzieścia cztéry godzin, dzień letni około siedemnastu, a dzień zimowy około siedmiu godzin.—Ile czyni cztéry a pięć?—Cztéry a pięć czyni dziewięć.—Ile czyni sto szesnaście bez sta i jednego? —Czyni piętnaście.—Ile czyni piętnaście razy dwa kroć sto pięćdziesiąt ośm tysięcy trzysta dziewiętnaście?—Trzy miliony, siedemset siedemdziesiąt cztéry tysięcy i siedemset osiemdziesiąt pięć.—Ile razy Pan byłeś z swymi braćmi w Wiedniu?—Byliśmy tam dwa razy w rok.—Częstoście Panowie byli na komedyi?—Ledwie cztéry razy w miesiąc. —Czy Pan widziałeś Cesarza francuzkiego, gdyś Pan był w Paryżu?—Cesarza widziałem tylko raz, ale Cesarzową więcéj (częściéj) niż dziesięć razy na przechadzce i w kościele.—Czy obcy Pan dał pieniędzy ubogim dzieciom?— Nie; dał każdemu chłopcu po sukni, czapce i dwie pary bótów i dwie pary pończoch, a każdemu dziewczęciu po dwa wełniane suknie, pięć par trzewików, po parze bótów, sześć par pończoch i trzy bawełniane fartuchy.—Oprócz dzieci dał ich rodzicom po korcu żyta, trzy korcy pérek i po funcie masła albo świeżéj słoniny.—Czy dzieci były grzeczne i skromne?—Wszystkie były grzeczne i wdzięczne swemu tak szlachetnemu i łagodnemu (szczodremu) dobrodziejowi.—Czy jego starszy brat jest tak szczodry, jak on? —Ten jest również tak chciwy na szeląg, jak Pan nasz jest szczodry i łaskaw.—Czy masz jeszcze wiele pieniędzy w twéj jedwabnéj sakiewce?—Mam tylko talar bez kilku groszy.—Komuś dał mój kałamarz?—Nikomu (żadnemu) go nie dałem, nie raz go widziałem.—Po czemu łokieć tego bławatu?—Po trzy talary i dziesięć srebrnych groszy.— Jak wysoka ta topol?—Bezmała tak wysoka, jak owa malutka wieża, która ma tylko sześćdziesiąt trzy stóp

— 39 —

wzwyż.—Niemasz Pan kilkaset czerwonych złotych?—Mam ledwie kilkadziesiąt talarów.

Zadanie 50.

Który tom téj książki Pan masz teraz?—Dopiero mam trzeci tom, a całe dzieło ma dwanaście grubych tomów.— Kiedyś Pan miał ostatni tom?—Przeszłego tygodnia.—Który sklep na tym rogu jest tegoż kupca, który ma najlepsze jedwabne chustki?—Piąty.—Gdzieś Pan był we Wtorek?— Byłem na balu Baronowéj N., z Hrabiów Lelewelów.— Były i godne siostry Pana na tym balu?—Nie były.— Starsza moja siostra była piętnastego dnia tegoż miesiąca na balu Podstolinéj (Podstoliny), a młodsza przeszłego tygodnia dwa razy w teatrze.—Jestżeś świadom imion najsławniejszych Rzymskich Papieży?—Jestem ich świadom.—Alexander Szósty, Grzegorz Siódmy i Lew Dziesiąty, Floreńczyk z Medyceuszow, byli najsławniejsi.—Czyś już widział młodą Cesarzową austryacką?—Widziałem najpiękniejszą i najpowabniejszą ze wszystkich Monarchiń z najjaśniejszym jéj małżonkiem w Wiedniu dnia drugiego Czerwca roku tysiąc osiemset pięćdziesiątego czwartego; ale piérwszy raz widziałem ją w Grudniu przeszłego roku w Monachium.— Gdzieście Panowie byli w święta?—Byliśmy na wsi, a nasi rodzice w Gnieźnie.—Którego dziś mamy?—W Poniedziałek mieliśmy piérwszego, wczoraj ósmego, dzisiaj więc mamy dziewiątego Marca.—Które lato tu Pan jesteś?—Osme lato tu jestem.—Ile miesięcy synowie Pana są już w Atenach?— Dnia piątego przeszłego miesiąca byli już tam ośm miesięcy. Częstoś Pan był w cesarskim zamku?—Tylko raz, ale w cesarskim ogrodzie byłem dwa razy w tydzień, co Niedzielę i co Środę.—Czy daleko ztąd do drugiéj wsi kościelnéj?— Jeszcze dwie mile.—Najbliższe miasto jest trzy mile daléj. —Kiedyś Pan widział cudowną zbieraninę starodawnych rzadkości starego Włocha?—Już wczorajszego dnia widziałem tę zbieraninę.—Czy ma wiele ciekawych rzeczy?— Widziałem jako najciekawsze z jego rzeczy trzy gipsowe odlewańce starodawnych arcydzieł snycerstwa, pięć chińskich malowań, kilkadziesiąt rzadkich ptaków wypchanych, i dwa żywe krowosysy.—Czemuż Panie idziecie w ten deszcz?— Idziemy do naszej ubogiej chorej przyjaciółki.—Kiedyście ją widziały ostatni raz?—O szóstej [godzinie].—Kiedy jego kupczyk tu był?—O trzy kwadranse na pierwszą; a o pół do drugiej szewczyk tu był.—Czy mój sługa był tu rano? —Już o samem świtaniu.—Która godzina?—Jedenasta.— Już pół do dwunastej.—Który Król pruski był Fryderyk Drugi?—Był to trzeci Król pruski.—Kto był piąty, a kto pierwszy Król pruski?—Piąty Król był to Fryderyk Wilhelm Trzeci od roku tysiąc siedemset dziewięćdziesiątego siódmego do roku tysiąc osiemset czterdziestego, a pierwszy to Fryderyk Pierwszy od dnia osiemnastego Stycznia roku tysiąc siedemset pierwszego do roku tysiąc siedemset trzynastego.—Wielu was było w teatrze?—Nas było sześć w francuzkim teatrze.—Czy Panowie byliście latem (wlecie) na wsi?—Na wiosnę i w lecie byliśmy na wsi, a w jesieni i w zimie w mieście.—Jest już trzecia godzina?—Już idzie na piątą; już kwadrans na piątą.—Kiedyś Pan widział naszego kochanego teścia?—Widziałem go w Listopadzie, ale jego małżonki, naszej miłej teściowej, dwa lata już nie widziałem.—Czyjaż małżonka ta Pani, która była w naszym domu wczoraj zrana już o szóstej godzinie?—O tym samym czasie widziałem twą stryjenkę w sypialni twej matki. —Gdzie były siostry Pana w południe?— Obiedwie me siostry były w domu, ale jam był z moimi młodszymi braćmi na polu.—Kto na polu?—Tam wszyscy nasi parobcy i dziewki.—A [kto w stodole?—Trzech parobków naszego sąsiada.

Zadanie 51.

Wiele ma Pan N. czeladzi?—Ma tylko dwanaście czeladzi, to jest czterech parobków i osiem dziewek. —A jego sąsiad, Pan A.?—Ten ma drugie tyle parobków, ale tylko sześć dziewek.—Czy karczmarz w najbliższej karczmie ma dobre piwo?—Ma tylko lekki półpiwek, ale bardzo dobre

— 41 —

wódki dubeltowe.—Zkąd idziecie, mili przyjaciele i sąsiedzi? —Idziemy od chrztu bliźniąt trojakich naszego kaznodziei.— Wielorakie tam było wino?—Było pięciorakie wino i trzy dania na stół.—Wiele gości u niego było?—Do dwudziestu gości było u szanownego kaznodziei.—Czyje masz skrzypce?—Mego nauczyciela.—Czy ma tylko te skrzypce? —Mój nauczyciel ma czworo wybornych skrzypców.—Czy Pan masz wiele takich okularów?—Miałem troje bardzo kosztownych okularów, ale dałem dwoje memu towarzyszowi, który jest tak krótkowidzący jak ja.—Którego dziś mamy? —Mamy dopiero osiemnastego, a ja już niemam ani grosza. —Czyś Pan widział ten poszóstny wóz, który był wczoraj w naszej wsi?—Nie widziałem go; ale przeszłego tygodnia byłem w Dąbrownie, gdziem widział pojazd Barona N., poczwórną karetę z czworgiem jak najpiękniejszych koni karych, jakich nigdy jeszcze nie widziałem.—Widziałem wiele pięknych koni w obojgu Prusiech, ale nigdziem nie widział takich, jak (jakie) w Królewskiej pruskiej stadninie ziemskiej w Trakianach, blisko Stołupianów na Litwie, i w posiadłości Barona Farenhejta, blisko Węgoborka na Mazurach (Mazowszu).—Czy Pan widzisz młodego Greka z jego przecudną siostrą?—Gdzie są?—Są oboje w loży Królewicza.—Czy ten obraz ma taką wartość, jak nowy obraz ołtarzowy w ewanjelickim kościele?—Starożytny obraz ma trojaką wartość.

Zadanie 52.

Częstoś Pan był w Paryżu?—Teraz byłem w Paryżu po raz szósty.—Widziałeś Pan starodawne malowania w Luwrze? —Tą razą tylko widziałem dzieła niderlandzkiego malarza Rubensa w Luksemburskim pałacu.—Jam często był w stolicy, a nigdy Księcia nie widziałem, a brat mój widział go za pierwszą razą.—Czy Pan raz byłeś w Londynie?— Nieraz tam byłem.—Byłeś Pan tam tego roku?—Byłem wpół lata.—A bracia Pana tam byli?—Razem tam nas było czterech.—Czyś Pan sam był na weselu?—Nie byłem na weselu, ale na chrzcie siódmego syna mojéj szwagierki (szwagrowéj).—Czy szanowny szwagier Pana jest bogatszy niż szanowny brat Pana (od szanownego brata Pana)?—On połową bogatszy od mego brata, ale jest zawsze napół pijany i już wpół błazen.—Jeszcze daleko ztąd do Poznania?—Jeszcze półósméj mili.—Dobra to droga?—Jedna trzecia drogi jest bardzo dobra, ale większa połowa drugich dwu trzecich jest bardzo piaszczysta.—Wiele Pan masz ładunku na swym wozie?—Mam tylko dwadzieścia dwa i pół korca owsa, półpięta korca żyta i kilkadziesiąt kwart rżannéj (żytnéj) mąki.—Wiele ma łąk sąsiad Pana?—Niema wiele, tylko półtora morgu (morgi) i kilkanaście kwadratowych prętów.—Ma także nieco lasu?—Ma półhuby (półwłoki) gęstéj sosnowiny i ćwierć huby (włoki) brzeziny.—Wiele ma roli?—Ma sześćdziesiąt pięć i pół morgu czyli dwie huby (włoki) i półszósta morgu.—Czy ma i wiele bydła?— Ma najwięcéj bydła w naszém sąsiedztwie, bo oprócz dwunastu koni jak najlepszego rodu ma trzydzieści sześć wołów jarzmowych, trzynaście wołów karmnych, sześćdziesiąt dojnych krów, przeszło osiemset owiec polepszonych i nawet kilkaset kóz (kozów).—A zięć Pana ma jeszcze wiele dóbr?—Ma po piérwsze wieś N. z półtorą hubą dębiny, powtóre cztéry piękne folwarki z półtorą stami (stu) morgu łąki, a po trzecie dwa dwory z pięknémi ogrodami po osiem morgów.—Ile łokci sukna ma przyrodny brat Pana w swym nowym płaszczu?—Ma półdziewiąta łokcia.—A podszewki?—Dwadzieścia jeden i pół łokcia, bo półjedwabie ma tylko do trzech ćwierci łokcia wszérz.—Niemasz Pan półćwiartki pocztowego papieru?—Wszystek mój papier pocztowy dałem wczoraj méj siostrze przyrodnéj.—Czy Pan masz jeszcze kilka wierteli żyta?—Już niemam ani ćwierci wiertela; dałem do razu mój cały zasób memu ubogiemu sąsiadowi, pilnemu, ale tak nieszczęśliwemu półrolnikowi Łukaszowi.

Zadanie 53.

Dokąd idziesz?—Idę do domu; tu mi jest za gorąco; dziś wiele goręcéj w twéj izbie, niż wczoraj.—Czy na dworze było przyjemnie?—Pogoda była bardzo piękna, a powietrze łagodne i przyjemne, ale mnie było dziwnie.—Miałeś Pan wiele ukontentowania (rozrywki), kiedyś był w Warszawie?—Bardzo mało miałem rozrywki, bo codzień było ponuro.—Czy jest taniéj w Warszawie, aniżeli tu?—W Warszawie jest daleko drożéj, niż w Wilnie.—Było pełno na balu?—Pełno i wspaniało, ale i bardzo gorąco.—Jakie napoje były?—Była herbata i wiele wina, ale tamta nie była dosyć ciepła, i zanadto słodka, a wino za ciepłe i kwaśne.—Jakąś pogodę Pan miał w Poznaniu?—Było tam tak ciepło, jak i tu.—Jaka to była droga?—Połowa drogi jest piaszczysta i kamienista, ale druga połowa tém lepsza.—Czy dzisiaj jest zimno na dworze?—Na dworze jest pięknie i ciepło, ale w izbie Pana jest nazbyt chłodno.—Widziałeś Pan me pastwiska i bydło na nich?—Łąki Pana są bardzo trawiste i jagnięta już dosyć tłuste, ale woły jeszcze wszystkie są chude.—Widzieliście już francuzkie ryciny Włocha?—Zapewne.—Pewna, że ma piękniejsze ryciny, niż nasi niemieccy i polscy kupcy.—Gdzie masz kołacz, który dała ci ciotka?—Połowę mego kołacza dałem temu z mych towarzyszy, co jego rodzice są zupełnie ubodzy, i nigdy nie mają kołacza.—To chwalebna, mój synu! Ale i chléb dobry, gdy kołacza niéma (kiedy kołacza niemasz).

Zadanie 54.

Czy Pan widziałeś już angielską karetę ze czteréma końmi karémi, które Wódz darował swemu lekarzowi przybocznemu?—Ani karety, ani koni nie widziałem.—Gdzieś Pan był wczoraj?—Po pierwsze pisałem półtuzina listów, powtóre trochę brząkałem na klawikordzie, a potém szedłem na polską godzinę (lekcyą).—Cóż ci zrobił ten chłopczyk, któregoś bił?—Kłół mnie (mię) wielką szpilką i rozerwał mi piękny wielki latawiec, który mi zrobił nowy nasz nauczyciel domowy.—Złośliwy to uczynek.—Czemuś to cierpiał?—Ten chłopczyk w prawdzie nie jest tak mocny, jak ja, ale trzymał w ręku (ręce) wielki ostry nóż, a ja się bałem jego podstępu.—Czemu płakała młoda kobiéta, która szła do domu Pana Sędziego?—Sakiewka z kilkudziesiąt talarami jéj ginęła.—Czy ją ukradł ktoś?—Nic o tém nie słyszałem.—Dokąd jechały królewskie wozy z sześć (sześciu) okazałémi koniami jabłkowitémi?—Wiozły orszak austryackiego Cesarza do Drezna.—Kiedy ukończył Cesarz swą podróż?—Był już ósmego Lipca w Wiedniu.—Co chciało dziewczę, do którego mówiłeś?—Prosiło mnie do swych rodziców, którzy tu są teraz, i już mnie znali, gdy jeszcze byłem w Żeganie.—Czemużeś nie szedł z niém do nich?—Ono nie szło prosto do domu.

Zadanie 55.

Można już widzieć wieże w Gdańsku?—Jeszcze nie można.—Ztąd do Gdańska jeszcze mamy nad sześć mil.—Co chcieli Panowie, którzy z tobą mówili?—Chcieli iść do Hrabiego, żeby go ubłagać, bo on niechciał odebrać listów, które mu dałem. — Co mam teraz czynić?—Po piérwsze masz wytrzepać me sukienne suknie, powtóre wywiksować me bóty, a po trzecie grzebać mego konia.—Kto dał pieniądze twym sąsiadom?—Ja nie, bo ich jeszcze dzisiaj nie widziałem.—Czemuś Pan nie jechał na wieś ze swymi braćmi?—Bałem się tam jechać, bo w tym kraju ma być niebezpiecznie.—Coście musieli Panowie mostowego zapłacić w mieście?—Musieliśmy zapłacić dwa razy po pięć groszy śrebrnych.—Czy jeszcze mamy dosyć chleba i masła w domu?—Ani chleba, ani masła już nie mamy; trzeba kupić jeszcze dzisiaj kilkadziesiąt funtów chleba i masła.—Gdzieżto jest nasza dziéwka?—Szła do jatek po mięso i ryby.—Dziś niéma ani mięsa, ani ryb.—Ryb można tam dostać tylko co Wtorek i Piątek, a mięsa tylko raz w tydzień.—Wczoraj ryby musiały być bardzo tanie, bo nasza uboga sąsiadka miała kupić wielkiego żywego szczupaka.—Czy można jechać okrętem ztąd do Warszawy?—Można, ale jest lepiéj i przyjemniéj jechać wozem.—Czy Pan masz ochotę iść zemną na spacer (na przechadzkę)?—Niemam czasu; mam napisać jeszcze wszystkie te listy, a teraz już pół do czwartéj.—Wstyd pretendować, co niemożna czynić, lecz ja byłem dość głupim obiecać.

Zadanie 56.

Widzisz Pan tam ten płomień?—Widzę, i jak rozumiem, bucha on z kościoła w najbliższéj wsi.—Wiele ma teraz koni sąsiad Pana?—Sąsiad ma tylko te cztéry konie, które sam chował.—Chowa jeszcze wiele owiec wujaszek Pana? —Chowa kilkaset, ale daleko nie tyle, ile przeszłego roku.— Czy on się zna na chowie owiec?—To się samo przez się rozumie, bo jego owczarnie są najprzedniejsze w całym kraju (całego kraju).—Co Pan rozumiesz o jego owczarzu? —On się ma za bardzo biegłego i zdolnego człowieka, ale ja nie uważam go za zdatnego człowieka.—Czy synowie Pana kochają swego nowego Guwernera?—Kochają go, i także się kochają w jego rozmowach równie wesołych jak treściwych i pełnych nauki; on zaś lubi żywych chłopczyków.—Gdzie bawi teraz były ich nauczyciel?— Przeszłego miesiąca był u Hrabiego N., a niewiém, gdzie się teraz obraca.—Ztąd wnosić trzeba, że on niezdatny do swego urzędu.—Jak się ma godna małżonka Pana?— Ona wcale nie zdrowa, ma ból głowy.—Kiedyś Pan był u Sędziego?—Jeszcze nie śmiałem iść do niego.—Nie znasz się Pan z nim?—Znam go i wiém, że niemożna go ubłagać. —Kto mnie woła?—Ciebie nikt nie woła, ale ja wołam mego (na swego) służącego.—Niemasz lepszéj śmietanki?— Mleko się nie chowa w naszéj mleczarni.—Czy synaczek Pani już umie czytać?—Jeszcze nie czyta zupełnie dobrze i prędko, ale jest bardzo pilny.—Czy Pan nie masz innego inkaustu?—Ten inkaust tu jest za blady.—Jużeś go mieszał? —Nic mieszałem, bo ustoin wcale niéma w kałamarzu.— Czy czytaliście te małe baśni?—Jeszcześmy ich nie czytali, bo trzeba było pisać nasze (swe) francuzkie ćwiczenia.— Umiecie powiedzieć, jak się ma sto czterdzieści cztéry do dwunastu?—Ja nie umiem.—Któż umie?—Za kogo macie Panowie tego Pana?—On się ma za poczciwego Doktora, ale go mamy tylko za prostego balwierza.—Czy rodzice już wiedzą, że tu jest stryj?—Matka to wiedziała już wczoraj, ale ojciec jeszcze niewié.—Zkąd można wiedzieć, że ziemia jest okrągła?—Można to widzieć; rzuca okrągłą cień na księżyc w czasie zaćmienia jego.

Zadanie 57.

Na kogo dybią ci żołnierze w téj kryjówce?—Dybią na dwóch próżniaków, którzy żebrali w mieście.—Czego płacze ta uboga stara baba, którą widzimy pod tamtą cienistą lipą?—Ona się troszczy o swego jedynego syna, podporę jéj starych lat.—Gdzie on teraz bawi?—Ma być w Lubawie.—Czy do niéj nie pisze?—Zwykł był jéj pisać co tydzień, ale teraz już dawno nie pisał.—Nie widziałeś Pan mych dwóch najmłodszych synów?—Grają na owéj górze z drugimi chłopcami swego wieku.—Grzebią w piasku, skakają na jednéj nodze i ciskają się małémi gładkiémi rzemykami.—Jak nazywają dzieci tę grę?—Niewiém, bo nieznam grów (gier) dzieci w tutejszym kraju.—Kto piérze cienkie koszule Pana, które zawsze są tak delikatne i białe jak śnieg?—Moja praczka jest to zdatna, pilna i poczciwa stara wdowa.—Wiele ona zyska na swéj pracy?—Ona korzysta wiele już z naszego domu, gdzie nie tylko piérze, ale i często czesze len i konopie.—Nie czeszą dziéwki Pana? —Nie mają zawsze czasu czesać.—Kogoż czesał wczoraj nauczyciel kijem?—Jednego opieszałego ucznia, który mu także nieposłuszny, i rad łże, ale nie trzeba łgać, ani żartem (ale ani żartem łgać nie należy).—Kto gwiżdże w szkole?—Nikt (żaden) z nas nie gwizdał; machina parowa najbliższéj kolei żelaznéj gwizda zawsze o dziewiątéj.—Nadto niemożna gwizdać tak mocno i tak długo gębą.—Czy dziéwka już skubała kokosze?—Nie; dłubie teraz strączki, a przytém się bardzo skubie.—Czy Pan znasz to ziele?—Jużem je widział, ale niewiém, jak się zowie (nazywa).—Czy Pan się znasz na kwiatach?—Bardziéj się znam na muzyce.—Na którym instrumencie grasz Pan?—Na skrzypcach i wiolonczelli.—Masz Pan jedwabne kwinty na swych skrzypcach?—Nie, bo się rwą.—Od którego kupca Pan bierzesz swe stróny?—Bierzemy wszystko od jednego kupca, który mieszka przy Kowalskiéj ulicy—Jak się zowie?—Stanisław Grabowski; mieszka w wysokim czerwonym domu.—Czemu (od czego) chromie siostra Pani?—Rwie biedną kobiétę w biodrze (biedrze); ona chce się zabrać do Akwisgranu, aby się tam kąpać kilka tygodni.—Gdzie się kąpiesz Pan?—Dwa razy w tygodniu kąpię się w rzece.—Nie szczekają nasze psy na łańcuchu?—Szczekają; są to dwa żebraki na podwórzu; jeden brzącze na cytrze, a drugi skrzypie na podłéj wiole.

Zadanie 58.

Co kosztuje Pana ten nowy, piękny sukienny płaszcz?—Kosztuje mnie do trzydzieści (trzydziestu) cztérech talarów.—Ile łokci ma wszérz?—Ma cztéry bryty po dwa łokcie.—Komu dajesz Pan stary swój płaszcz?—Dawam wszystkie moje stare suknie mym ubogim krewnym, którzy mają wiele dzieci, a mało dochodu.—Czy te dziewczęta już umieją rachować?—Już umiemy pisać, czytać i rachować.—Ile czyni osiemnaście i siedemnaście?—Już to wiem, czyni trzydzieści pięć.—Gdzie jest twoja nowa książka do czytania?—Darowałem ją memu kochanemu Pawłowi, który mnie kocha bardziéj, niż mój brat.—Czy coś darowałeś i tym towarzyszom?—Nieśmiem im nic darować, bo są równie dumni, jak bogaci.—Kto drukuje dzieje Polski?—Piérwsze wydanie drukował Didot w Paryżu, a nowe drukuje Unger w Berlinie.—Czy Wojciech już pisał (ob. napisał, welches ben Sinn änbert) list?—Nie widziałem.—Gdzież on?—Maluje kwiaty w tamtéj izbie.—Nie idziecie jeszcze do waszéj choréj nauczycielki?—Jeszcześmy nie obiadowały.—Chcecie jeszcze trochę pieczystego?—Dziękujemy uniżenie.—Dziękowaliście swemu (waszemu) dobrodziejowi za piękno ciepłe suknie?—Z serca dziękowaliśmy mu za wszystko dobre.—Co dał bogatszym dzieciom?—Dał im tylko jabłek i każdemu po garści orzechów.—Co piszesz?—Uwiadomiam mego ojca, że chcę jechać do domu, bo cholera teraz tu panuje.—Co gotujecie dziś?—Gotujemy tylko kapustę kwaśną z świniną soloną i pérkami.—Czy kawa się już gotuje?—Już jest gotowa.—Kiedy szły dzieci do szkoły?—Dopiero o kwadrans na trzecią; obiadowaliśmy dopiero do pół do drugiéj.—Czego płaczą ci chłopcy?—Tamci niegrzeczni chłopcy chłostali ich wicią.—Czy ich nagabaliście?—Nikogo nie nagabamy, ale oni chłostają każde dziecię, co jest słabsze i grzeczniejsze od nich, a ich rodzice nigdy ich nie karają.—Kto kołace w drzwi?—Podróżny jakiś chciał do Pana.

Zadanie 59.

Na co cierpi ta panna, którąśmy widzieli wczoraj u wuja Pana?—Która panna?—Ta blada panna, która wyglądała tak smętna i milczała prawie cały wieczór.—Myślisz Pan, że znam wszystkich ludzi?—Widziałem, podobnie jak Pan, wczoraj piérwszy raz tę dziewczynę, a muszę powiedzieć Panu, że ona bardzo mi się podobała.—Co myśli stryj Pana o niéj?—Ile wiém, myśli bardzo dobrze o niéj.—Musisz Pan jeszcze dziś jechać do domu?—To nie potrzeba, ale muszę się widzieć z naszym kupcem, który nam winien dwa tysiące talarów, i chciał mi dać dziś połowę.—Dokąd lecą na koniach (na pojazdach) gońcy?—Lecą [na koniach] do stolicy.—Słyszałżeś Pan co nowego?—Słyszałem, że nasz przyjaciel, Michalski, leży już dwa tygodnie.—Oto, teraz widzę, czemuśmy się z sobą tak dawno nie widzieli.—Dali się już słyszeć tu bracia Myllerowie?—Jakem słyszał, dziś się dają słyszeć, ostatni raz.—Dokąd myślą ztąd jechać?—

Do Drezna.—Czy ów człowiek, który grał na pozytywie w zwierzyńcu, nie może widzieć?—Biedny ten i ubogi inwalid nie może ani widzieć, ani słyszeć.—Kto jest ta dziewczyna, która go prowadziła?—Jest to jego jedynaczka. — Jest to powabna dziewczyna; niewinność i wesołość patrzą jéj z oczu.—Słyszę, że chciał ją wydać za mąż za syna naszego sąsiada, łatacza kotłów; ona zaś niechciała; kocha innego młodzieńca, jéj odpowiedniejszego.—Czy się boisz? —Boję się brytana, bo wiém, że prawie rozszarpał jednego żebraka.—Czemu jest matka Pana tak żałosna?—Boi się o moję najmłodszą siestrzyczkę, która cierpi na zęby.—Która godzina?—Zegarek mój stoi, a zegarek stołowy, który stoi na téj szafie, leci.—Która kompania stoi dziś na warcie?— Widziałem porucznika Horna na nowéj warcie.—Gdzie stoi teraz półk Pana załogą?—Już nie stoimy w Gdańsku, ale w Grudziądzu.—Jak stoją Poznańskie listy zastawne?— Stoją daleko wyżéj, niż przeszłego roku.—Jak Pan stoisz teraz z Hrabią?—Stoimy z sobą jako tako; lecz on nie stoi zawsze na swém słowie, a bardzo się boję o niego.— Czy twój Pan jeszcze śpi?—Leży jeszcze w łóżku, bo wczoraj szedł spać bardzo późno i cierpi cokolwiek ból zębów.—Gdzieście spali téj nocy?—Leżeliśmy w stodole, ale nie mogliśmy spać, bo kozy wrzeszczały całą noc, a myśmy się trzęśli od zimna.—Czy Wisła już stoi?—Czytałem w gazetach już piątego Listopada.—Które gazety Pan czytasz? —Tylko tutejsze.

Zadanie 60.

Czyje bóty teraz robisz?—Ojca Pana.—Czy grad często robi szkodę w okolicy Pana?—Tylko na niektórych miejscach, ale tam posiedziciele są bogatymi ludźmi.—Ktc chrzcił niedawno młodą żydówkę w parafialnym kościele?— Był to obcy missyonarz, który chrzci tu co rok (corocznie) niektórych prozelitów.—Czy Pani prosi córkę swéj staréj sąsiadki do chrztu (na chrzciny) swego synaczka?—Prosimy na wszystkie familijne uroczystości tylko najbliższych naszych krewnych, a z nich tylko tyle, ile powinniśmy prosić.—Nam niemożna prosić wszystkich, bo mamy tu nad dwadzieścia krewnych familii, które liczą nad siedmdziesiąt dorosłych osób.—Niejedni z nich w prawdzie udają rozgniewanych, ale co czynić?—My się cieszymy, że nie było w naszéj myśli, ich tém obrażać.—Czy Professor już skończył swe nowe dzieło?—Jeszcze nad niém pracuje.—Czy młody snycerz robi i w marmurze?—Jeszcze nie; lecz bardzo pięknie robi w słoniowéj kości.—Niedawnośmy widzieli grupę, którą on zrobił.—Był to Wulkan, który kował strzały Amurowi (dla Amura), i jest to najpowabniejsze dzieło tego rodzaju.—Gdzie się uczył swego kunsztu?—Jeden lichy snycerz w Norymbergu nauczył go robić w drzewie, a teraz uczy się na tutejszéj Akademii i robi w snycerni utalentowanego snycerza B.—Młócicie już żyto?—Aż dotąd kosiliśmy trawę, zatém nie mogliśmy wiele młócić.—Znasz Pan tego starca?—Nie tylko go znam, ale go i kocham i czczę.—Czy się Pan sam golisz?—Nie; mam bardzo chytrego balwierza, który mi nie tylko brodę ogoli, ale i często z pieniędzy.—Kto złamał piękny podnóżek?—Wszystko to robią moi rozpustni pensyonarze.—Stolarz prawie codzień klei inny mebel w mym domu.—Proszę Pana, dla czego Pan cierpisz takie rozpusty?—Musim wiele cierpieć, jak długo musimy ich trzymać.—Kto tu bieli wosk i szellak?—Niewiém.—Kupujemy wszystko w Bydgoszczy.—Z kim Pan robisz (czynisz) tam interesa?—Z dwoma zdolnymi negocyantami, którzy robią tylko małym kapitałem, ale zyskają corocznie więcéj niż dwadzieścia tysięcy talarów swoim handlem i swémi fabrykami.—Czy Pan wierzysz podróżnemu wszystko, co opowiada?—Myślę, że największa część podróżnych opowiada trochę więcéj, niż widziała, a osobliwie tacy podróżni, którym nie chodzi o zbogacanie nauk.—Co pisze syn Pana nowego z Carogrodu?—Leży już kilka tygodni i słyszy mało nowego, a nic dobrego.—Na co cierpi?—Tego mi nie pisał.

Zadanie 61.

Coś Pan siał na téj roli?—Niewiém pewnie; ojciec mój chciał tu siać jęczmień.—Co chcesz dziać Pani z téj bawełny?—Dzieję powłókę na kanapę, i potrzeba mi tylko jeszcze kilkanaście łótów bawełny.—Chcesz Pani brać z tych nici?—Niechcę, wiém, że się źle snuje i wszystkie szwy zaraz się prują, które niémi szyję.—Od czego blednieje tak nagle narzeczona Pana?—Czuje się słabą.—Wierzę, że tylko mocny zaduch, co i ja czuję w téj izbie, bije jéj w głowę.—Widziałżeś Pan nasze siewy?—Widziałem je; żyto już zielenieje.—Jak się ma syn Pana, student?—Biedny chłopak bardzo choruje; wczoraj womitował, a teraz krwią pluje.—Nie pijesz Pan wina?—Czasami; ale teraz mi się niechce pić cobądź.—Co był to za hałas?—Wilki wyją w owym lesie i wiatr świszcze w tamtych krzakach.—Kto rył ten herb?—Pieczątkarz, który mieszka na Końskiej ulicy i zowie się Jerzy Zabadowski.—Czy Pan widzisz angielską banderę, która wieje na tamtym tureckim okręcie?—Widzę, lecz to nie jest turecki, ale rossyjski okręt.—Kiedy dojrzewa żyto w tym kraju?—Rzadko już dojrzewa w Lipcu.—Czy Pani sama szyjesz swe koszule?—Wszystką bieliznę sama z dwiema memi starszémi córkami szyję (szyjemy).—Gdzie jest chart Pana?—Złe łotry otruły wierne zwierzę.—Kto knuł taką złość?—Zapewne wiém, że to był synowiec mego sąsiada, który bez żadnego powodu jest mym nieprzyjacielem; on wié bardzo dobrze, jak mię martwi utrata zwierzęcia.—Czy stangret grzebie jeszcze konie?—Nie, rżą jeno, ponieważ czują świeże powietrze poranne.—I kogut już dwa razy piał.—Jak się podoba Panu to źrebię?—Bardzo dobrze mi się podoba, mianowicie piękna jego maść i głowa.—Wiele ma lat?—Nie ma jeszcze trzech lat.—Czy szósta już biła?—Już dnieje.—Bije ten zegarek kieszonkowy?—Bije.—Czy źli chłopcy się śmieją ze ślepego człowieka?—Niewiém.—Z kogoż się śmiejecie?—Z nikogo się nie śmiejemy; wykrzykiwamy i śmiejemy się, jak wszystkie dzieci.—Gdzie żyje teraz ciotka Pana?—Nie chciała dłużéj żyć w mieście, i mieszka teraz na swéj posiadłości w Morawii.—Gdzie się ukrył złodziéj?—W naszéj własnéj stodole.—Był tylko jeden?—Było ich czterech, ale trzech drapało, jak nas widzieli.—Nie gnały psy Pana za nimi?—Nie chcieliśmy ich szczuć na złoczyńców.—Czyś już wytrzepał me suknie?— Jan je trzepie na dworze; trzeba mi się było umyć, bo koń mnie obryzgał błotem.—Gdzie bawi przyjaciel Pana? —Niewiem, już go nie nazywam mym przyjacielem; bo obcowanie jego z Włochami wcale go . popsuło.—Człowiek ten prawie zbabiał.—Coście pili w karczmie?—Zawsze tylko szklankę pijemy gorącego piwa, co dobrze grzeje.— Coście Panowie mieli za pogodę?—Lało i grad nam bił w twarz; teraz słońce nas piecze.—Było to jeszcze bardzo wilgotnie na żuławach gdyś Pan tam był ze swym ojcem?— Na Elblągskich żuławach już było bardzo sucho, ale na Gdańskich było wilgotniej, aniżeli gdziekolwiek.—Jak się podoba Panu nasz gajek?—Nie źle mi się podoba, ale trzeba tu bić drogę, aby można widzieć ztąd górę z okazałym letnim domkiem.—Czy me nowe pończochy już bieleją?— Jeszcze je bielimy ne tamtej łące.

Zadanie 62.

Czy czarny wół bodzie?—Gdy Pan go draźnisz, on bodzie, inaczej niemogę powiedzieć, że jest bardzo złym.—Kto tłucze cynamon?—Gdy byłem w kuchni, dziewka tłukła coś w moździerzu.—Czy tyś stłukła pozłoconą (pozłacaną) porcelanową filiżankę, którą mi darowała dobra ciotka?—Nikt jej nie stłukł, pękła od gorąca.—Kto tłucze?—Jest to uboga ślepa wdowa, która klecie łapki na myszy i klatki.—Kto ją wiedzie?—Nikt (kto) inny, tylko jej stary, wierny pudel, który wlecze oraz wozik, na którym ona wiezie swe towary.—Gdzieś położył me białe rękawiczki?—Nie miałem ich, i nie mogę powiedzieć, gdzie są.—Nie schowałeś Pan sam ich do kieszeni swego czarnego surduta, gdyś jechał wczoraj wieczorem na koncert?— Może być, ale już nie przypominam sobie. — Chcę zobaczyć, czy tam są.—Czy znacie te piękne ptaszki?—Tamtego ptaszka znam, jest to szczygieł, ale dwóch drugich nieznam.—Umiecie także malować takie piękne ptaszki?—Jeszcze nie umiemy malować, ale rysujemy pilnie.—Czy możecie nosić jedną ręką ten żelazny pręt?—Jan niósł wczoraj daleko cięższy pręt ztąd aż do kuchni.—Gdzie jest Jan?—Jego nigdy niémasz [w domu], tłucze się po bruku i gra z innymi chłopcami, równie opieszałymi i nieposłusznymi ich rodzicom, jak i on. —Czyś Pan już jadł nową poziomkę?—Jeszczem jéj nie widział.—Byłem dzisiaj w lesie, gdzie pasą nasze młode konie, tam narywałem cały kosz poziomków (poziomek) i czarnych jagód i zaniósłem ich do naszéj małéj przyjaciółki. —Dziękuję z serca, rzekła, gdym jéj dał koszyk pełny świeżych owoców, i dała mi serdeczny całuś.—Czy kokosze Pani jeszcze niosą?—Dwie kokosze siedzą już na jajach, trzecia już dawno wiedzie swe sześć piskląt, a drugie jeszcze niosą.—Kto strzeże miłego osyska Pani, kiedy Pani niémasz w domu?—Moja dobra teściowa, która żyje w naszym domu, i nader kocha swe piérwsze wnuczę, strzeże go również pieczołowicie, jak ja sama.—Kto pasie owce Pana, podczas podróży owczarza Pana jadącego z wełną do Szczecina?— Najstarszy syn jego, chłopak cztérnastu lat, pasie je na owém wspólném pastwisku, gdziem siał nieco białéj koniczyny.—Czy ta ulica wiedzie do bramy?—Wiedzie.—Czy sąsiad Pana jeszcze wiedzie spór z Panem o granice polowe?—Wiedzie, ale zdatny (biegły) adwokat prowadzi mą sprawę.—Czy ma jeszcze swój handel drzewem?—Nie, tłucze się po bruku i wydaje się za faktora zbożowego, ale się nie zna na zbożu.—Znałżeś Pan jego ojca?—Znałem i kochałem go, bo to był pilny człowiek i szczéry sąsiad.

Zadanie 63.

Gdzie były tegoroczne obroty piérwszego korpusa wojska? —Są jeszcze w Wschodnich Prusiech i rozciągną się do Lecu i Działdowa.—Kiedy żęli ludzie naszę pszenicę?— Żęli już onegdaj, leczem widział, że i dzisiaj jeszcze żną.— Czy dobrze rznie (ostry) ten nożyk, com ci darował?— Scyzoryk dosyć dobrze rznie (ostry), ale nóż składany zupełnie jest zły (nicpotém).—Kto prół twe spodnie?—Nikt. Krawiec szyje wszystko tak źle, że wnet się pruje; sukno także się rwie.—Czemu nie bierzesz innych?—Które mam wziąć? Możesz wziąć białe i obuć [się w] trzewiki i jedwabne pończochy, bo jest to dziś bardzo pogodna pora i zupełnie sucho.—O któréj godzinie mieliście iść dziś do szkoły?—Mamy iść o drugiéj; lecz jeszcze nie biła piérwsza.—Zegarek nasz staje; przeszło już trzy kwadranse na drugą.—Czy Pan ziębniesz?—Tak; jest tu tak zimno, że oléj staje i inkaust marznie.—Czemu chromiesz?—Nowe bóty mnie trą; są trochę za wązkie i skóra jest twardsza od drzewa.—Czy wielu ludzi umiera na wsi na febrę nerwową?—Więcéj umiera na inne choroby, najwięcéj umarło na ospę.—Kiedy nam potrzeba drzeć te pióra?— Dziewki powinny drzeć te pióra, a wy macie czesać len.— Czy Pan jeszcze masz swego kruka?—Mam go jeszcze, ale chcę go darować memu uczniowi.—Czy wiele kradnie?— Ukradł niedawno mosiężny naparstek méj żonie.—Gdzie rosną te prześliczne kwiaty?—Tamte rosły w rośliniarni Królowéj, ale ojczyzna ich ma być Persya.—Czy mi możesz Pani dać niektóre?—Pan możesz wziąć cały bukiet, bo tu tylko więdną (więdnieją).—Dziękuję Pani uniżenie.—Jakaż była mowa posła naszéj prowincyi?—Myśli mu się snuć nie chciały, rozwlecze także nazbyt słowa, a czasem miele językiem.—Czy dobrze przędła dziewka Pani?—Bardzo pilnie przędła, a gdy chce, to może prząść bardzo cienką i równą nić.—Czy przędzie i wełnę?—Wszystko, co Pani chcesz. —Czemu nie żrą krowy?—Niewiém, ale ani krowy, ani konie niechcą źréć téj koniczyny.—Jużeście pieli tę grzędę? —Ani téj, ani owéj nie pieliśmy; pielemy tu dopiero półgodzinki, a ogród jest pełen chwastu.—Czy tyś miął ten list?—Ja go nie miąłem; ale Jérzy schował go do swéj kieszeni.—Czy Pan sam pniesz swój arkusz na tablicy do rysowania?—I owszem.—Chcesz Pan szklankę dobrego piwa? —Nie; chce mi się nieco jeść, bo mrę głód.—Chcę dać Panu chleba z masłem i surową szynką.—Dobrze, jestem zupełnie kontent z tego.

Zadanie 64.

Czy zdrajce nam nie będą czynili szkody?—Nie będą mogli, jeżeli jezuici nam pomogą.—Ile łokci kuczbai masz Pani w téj skrzyni?—Będzie tylko trzydzieści sześć i pół łokcia.—Czy będzie można widzieć wkrótce strażnice fortecy?—Znać, żeś Pan nigdy jeszcze nie był w téj okolicy.—Będziemy widzieli tam Jenerałów M. i N.?—Pewnie ich widzieć nie będziemy, bo musieli jechać do Krakowa, jak piszą gazety.—Czy tu będzie słychać, kiedy Anglicy strzelać będą na baltyckiém morzu ze swych wielkich armat?—Mieli strzelać wczoraj, a myśmy nic nie słyszeli.—Czy nocy są tu tak długie, jak u nas?—Tu nocy są dłuższe, a dni krótsze, aniżeli u nas, lecz będziemy miały tu więcéj ukontentowania, niż w ślicznym letnim domku twéj ponuréj teściowéj.—Co będziemy widzieli tu?—Będziesz pasł tu twe oczy na okazałych ogrodach, które należą do tutejszego, równie bogatego, jak ludzkiego Starosty.—Czy ten pies mnie będzie gryzł?—Nie gryzie nikogo.—Będziesz spał Pan w swéj sypialni?—Nie chce mi się widzieć sypialń w tym domu, bo jest we wszystkich wiele pluskw, pcheł i myszy.—Czy kowal jeszcze nie robi naszych drabi?—Był już je zrobił, gdym był u niego.—Czy młodzi hrabiowie będą się bawili długo w Atenach?—Guwernerowie tych hrabiów ośmnastego Kwietnia pojadą do Włoch, a dwudziestego piątego Września hrabiowie sami będą (przybędą) w Czechach (do Czech).—Kiedy będzie jarmark w Węgoborzech?—Pojutrze będzie piérwszy dzień jarmarku.—Czy ogrodnik jeszcze nie szczepi tych pomarańczowych drzewek?—Zaszczepił był je już wczoraj, gdyśmy się go pytali, bośmy mieli wczoraj jeden z najpogodniejszych dni wiosennych.—Jak ci się podobają tamte owieczki?—Dobrze.—Czy ten starzec będzie mógł ryć tę pieczątkę?—Myśli ją ryć.

Zadanie 65.

Kto zamiótł dziś tę izbę?—Czemuż chcesz Pan to wiedzieć?—Ponieważ kilka książek i malowideł mi zginęło, a kto inny nie mógł ich ukraść, jak ten, który zamiótł tę izbę.—Nasza dziewka zapewne ich nie ukradła, bo jużci trzy lata w naszéj służbie i była zawsze wierną, poczciwą i pracowitą.—Jużeśmy ją znali, nim wstąpiła do służby naszéj, a nigdy nic złego o niéj nie słyszeliśmy.—A teraz także wiém, czemu dziewka przedtém tak rzewliwie płakała.—Czy sialiście i rzepę?—Nie sialiśmy rzepy, jeno zboże siejemy.—Kto się śmiał z tego kaléki?—Byli to niektórzy chłopcy, com ich nie znał; szli oni do tamtego domu.— Czy kogut już piał?—Nic nie słyszałem, a myślę, że jest jeszcze bardzo rychło.—Czém trujecie szczury i myszy w naszych budynkach?—Kupiliśmy trucizny na szczury od jednego podróżnego, który często był jéj doświadczał.— Kiedyś Pan zwykł iść spać?—Zawisło to od méj pracy, alem zwykł iść spać o dziesiątéj.—Co wiało z owéj wieży?— Zwycięstwa chorągiew wiała na zamkowéj wieży.—Wiele brała lekarstwa małżonka nieboszka Pana?—Rzadko i niechętnie (wstrętnie) brała lekarstwa.—Ile Pan dałeś stolarzowi za trumnę?—Dałem mu za polerowaną dębową trumnę sto pięćdziesiąt złotych, a oków z nowego srebra kosztował sto dwadzieścia złotych.—Sto pięćdziesiąt a sto dwadzieścia czyni dwieście siedemdziesiąt złotych czyli czterdzieści pięć talarów, co mi się zdaje dosyć tanio.—Wielu osób prosiłeś Pan na pogrzeb?—Nikogośmy nie prosili, wszyscy nasi krewni, znajomi i przyjaciele przyszli sami.—Czy grzędy w naszym ogrodzie już zielenieją?—Wiele już czernieje od skwaru.—Czy oraliście tę rolę, czy rydłem ją kopaliście? —Rydłem ją kopaliśmy.—Czemu się ukrył młody kupiec u swego szwagra?—Grązł w długi i nie mógł zapłacić swych wekslów. —Czy zięć Pana już wiózł pszenicę do miasta?—Synowie jego wieźli ją wczoraj do Instruci.—Czy parobcy już wymłócili byli wszystką pszenicę?—Myślę, że jeszcze młócą.

Zadanie 66.

Upiekłaś dziś [kilku (kilka)] gołąbiąt?—Upiekłabym, jeżeliby było świeże to masło, cośmy wczoraj kupili i gdybym nie wiedziała, żebyś Pan by niewiém co nie jadł złego masła.—Będziemy mieli dziś coś pieczystego?—Gdy Pan chcesz jeść pieczystego, mogę jeszcze cokolwiek zrobić.— Czyście się dziś kąpali w rzece?—Kąpalibyśmy się, gdyby słońce nie było tak piekło.—Czy musieliście zapłacić mostowe? —Nie byłoby trzeba go zapłacić, bylebyśmy byli wzięli mundur, bo żołnierz nigdy i nigdzie nie płaci mostowego.— Gdzieś zerwała te rzadkie zioła?—Ja ich nie zerwałam, moja towarzyszka je mi dała.—Był on napisał już swój list, jakeś mu dał mój?—Powiedział, żeby już go napisał, gdyby miał więcéj czasu i ochoty.—Życzyłem, żebyś mu nie dał naszego listu, bom się bał, aby zarzuconym nie został.—Czemuż Pan nie jész tych jabłek?—Unikam jeść każdegokolwiekbądź owocu, bo się boję krwawéj biegunki. —Ile gatunków płótna kupiłybyście Panie, gdyby płótno było dobre i tanie?—Wielebyśmy kupiły płótna i sukna, jeżeliby szalbiérstwo nie było tak powszechne; ale teraz nie kupim ani tego, ani owego.—Czy ojciec Pana znał posiedzicieli tych miéjsc?—Nie wierzę, iżby ich znał, ale dokładnie nie mogę wiedzieć.—Czy Pan jeszcze masz owe dwa dobra, które miał piérwéj brat Pana?—Bodajbyśmy ich nigdy nie widzieli, bo nas kosztowały trzy razy tyle, ile są warte.—O ilu piętrach był nowy dom, który nasz sąsiad kupił w Wejrowie?—Nie widziałem go, ale by niewiém co nie kupiłbym sobie wielkiego domu w małém miasteczku w Zachodnich Prusiech.—Dokąd szła miła siostra Pana z powabnym chłopczykiem?—Wiodła go do nauczyciela tutejszego Liceum.—Niémasz gimnazyów w tém mieście?—Były trzy słynne gimnazya, lecz teraz już niémasz ani jednego gimnazyum.—Może miałaś Pani me krosieńka? —Ani nie miałam, ani nie widziałam ich; sama mam trzy wcale nowe krosienka a bardzo mało szyję.—Kto złamał nasze snowidła?—Widziałem na własne oczy, kto je złamał i powiedziałbym ci, jeżelibym się nie bał, abyś nie karał za srogo sprawcy.—Gdyby nie tajenie, nie byłoby tak wiele przewinień i przestępstw na świecie.—Oby milczała!—Czy dziewka jeszcze nie prała?—Nie mogłaby już dziś płókać bielizny, gdyby wczoraj pilnie nie prała.—Jednaby dziewka wyprała ten kosz bielizny?—Wszystko ona sama zrobiła, parobek jeno szedł po jednę łupę paliwa, jak bielizna wrzała w wielkim kotle.—Nie mamy magli w tym domu?—Już tu nie jest, gospodarz ją darował ubogiemu jakiemu cieśli.—Czyje suknie dałaś krawcowej?—Dałam jej starą jedwabną suknią guwernantki, która sama jej już nie nosi.

Zadanie 67.

Co ci mówił (powiedział) nauczyciel?—Mówił (rzekł): bądź pilnym, mój synu, i posłusznym, jeżeli chcesz, żeby wszyscy ludzie cię kochali.—Czyń zawsze, co ci radził.— Tak, kochany ojcze!—Chciej wierzyć (Wierz) mi, że chcę się uczyć pilnie i być posłusznym tobie i wszystkim dobrym ludziom, bo życzę sobie stać się dobrym i światu użytecznym człowiekiem.—Ale proszę, powiedz mi, jak się nazywa ten ładny ptak?—Obacz w książce z obrazkami, co ją ci Babunia darowała.—Masz czytać (Będziesz czytał) w niej pilnie, i uczyć się wiele dobrego i pożytecznego.— Przypomnij sobie ostatnią jej prośbę i żyj zawsze tak, jak przystoi dobremu, wdzięcznemu dziecięciu.—Czego sobie Pani życzysz?—Powiedz mi Pan, jeżeli łaska, która ulica wiedzie do Alexandrowskiego miejsca?—Chciej Pani iść prosto, a potem w pierwszą poprzeczną ulicę na prawo; lecz strzeż się, abyś nie padła w nowy rów, przy którym (gdzie) niema jeszcze poręczy.—Nie chciałabyś Pani być tak łaskawa, pożyczyć mi swych nożyczek? Proszę weźmij je, jak często Pani chcesz; leżą w tamtej szufladzie.— Dokąd mamy iść?—Idźcie do naszej sąsiadki i proście ją na me poprawiny.—Powiedzcie jej, żeśmy zaprosili tylko mało gości, i że ją oczekujemy napewne.—Czyja pochwa tu leży?—Jest to moja; bądź Pan tak łaskaw, położyć ją na to krzesło.—Nie mam jej czernić?—Jeżeli masz jeszcze trochę sadz(-y), zrób to, lub kup tyle sadzy i wódki, ile potrzeba; lecz nie gniej tak bardzo główni, łatwo może się złamać.—Ta główma bardzo dobrze się gnie; jestcito istotna damaszkowana główna.—Wojciechu! Idźmy do ogrodu!—Grajmy tu; na dworze jest wiatr i zimno.—Ale mi się niechce tu grać!—I tak idź do ogrodu, ja tam nie pójdę. Co mamy dziś robić?—Żniejcie dziś koniczynę.—Matko! —Pies chce mnie ugryźć.—Lunij mu tę konewkę wody na ciało, albo bij go tym kijem; lecz nie stań.—Co chcesz, miły Bogdanie?—Bądź tak łaskawa, dobra Magdusiu! i ukrój mi kawałek chleba, bo mrę głód.—Śpij, mój synu!—Nie jest zdrowo, tak późno jeść.—Dajże mi maluśki kawałek chleba.—Jedz ten kawałek biszkoktu i milcz.—Ale... milczeć! powiadam, i spać, albo... Mogę się widzieć z twym Panem?—Racz Mości Dobrodzieju wniść do jego pokoju; myślę, że Pan już nie śpi.—Siostro!—Maciej bierze twe zabawki!—Niechże weźmie, a ty milcz! on nigdy jeszcze nic nie stłukł.—Darujno mi te książki (tę główkę Ś. Jana), dobra, miła Kingu!—Czyje króliki są w téj klatce?—Nie są to moje; mam tylko tę koninę, co mi mój bratuń darował.—A synowi bogatego Kurlandczyka darował okazałego cisawego konia.—Niechaj mu daruje, co chce.—Ja go niechcę, gdyby mi go i chciał dać.—Byłżeś Pan już w Polsce? —Nie. I tak jedź Pan zemną do Warszawy.

Zadanie 68.

Dokądeś rzucił mą szpadę i me pistolety?—Szpadę zaniósłem do Rossyanina, a pistolety Pana są jeszcze u bogatego Hiszpana, który kazał powiedzieć Panu, że je musi mieć, niech kosztuje, co chce.—Chociaż sam nie pójdę do tegoż nieokrzesanego człowieka (nieokrzesańca), tu mu jednak ich nie puszczę.—Coby miała ta łotrynia, która zostawiła swego towarzysza na owym rogu?—Czekajmy tu, aby widzieć, dokąd ona pójdzie.—Racz mię Pan mieć za wymówionego, nie mam czasu; muszę być już o czwartej godzinie w naszym sklepie.—Która to teraz godzina?—Jest kwadrans na czwartą.—Przepraszam Pana; jeszcze nie biła trzecia.—Bądź zdrów, mój przyjacielu! - Powinienem iść jeszcze do naszéj dzierżawczyni, aby się jéj zapytać, czy dzierżawca już kazał młócić jęczmień.—Pytaj się go Pan, jeżeli łaska, czy mi chce dać żywą lwicę za sto dziesięć złotych.— Życzy sobie, że Pan mu dasz jeszcze czasu do namyślenia się.—Czy nam pozwoli ją widzieć?—Ojciec jego niechce dopuścić nikogo ani do niedźwiedzicy, ani do młodéj orlicy.—Czy puścił orła?—Słyszałem, że Wójt mu dał zapozew i kazał mu powiedzieć, że zupełnie ma dać pokój polowaniu w jego kniejach, inaczéj kazałby go wtrącić do więzienia.—Myślę, że tylko chce pokazać, co może.—Może być, ale nie wierzę temu, bo znam Pana Wójta.—Nie chciałabyś Pani być tak łaskawa i dać mi znać, gdzie bawi teraz najmłodszy syn naszéj opiekunki?—Ojciec jego zostawił go w Prabutach.—Cóż ma tam robić?—O tém mój towarzyszu! można wiele sądzić; lecz nie byłoby piękna, mówić z uszczérbkiem o swych nieprzyjacielach.—Nadto ztąd okazuje się, że ten dobry człowiek nikogo nie słucha. —Nie wiész Pan, jak się ma ojciec naszego dobrego Tomasza?—Lekarz mu puścił krew dwa razy w tym tygodniu, a wczoraj sprowadził Tomasz jeszcze drugiego lekarza.— Co mu brakło?—Przepraszam Panią, nie mogę powiedzieć. —Miéjże Pani tę łaskę kłaniać mu się odemnie.—Bądź zdrowa!—Do zobaczenia się!—Nie weźmij tego za złe, że się śmiem pytać, dla czego Pani już nie pozwala chodzić do mnie swemu dobremu Szczepanowi?—Wybacz mi to, nie daję mu iść nigdzie, ponieważ jest jeszcze bardzo słaby. —Witam miłego Udalryka!—Chciałbyś czytać dziś zemną? —Niech tak będzie!—Niechcę także nic innego robić.— Siądźmy w owym chłodniku, gdzie nam nikt nie przeszkodzi.—Czy twoja szanowna matka będzie dziś piekła androtów?—Kazała upiec wielkiego obwarzanku u naszego piekarza.—Dobrze się to słyszy.—Ja nic nie przenoszę nad ciasto maślne i będę je jadł z ukontentowaniem.—Chceszże Pan i cóś pić?—Chciéj Pan tylko rozkazać.—Bardzo dziękuję. —Chciałżebyś Pan pokazać nam swój słynny zbiór starodawnych obrazów oléjnych?—Raczcie Państwo wniść do owéj izby.—Proszę, idź Pan naprzód.—Pan jesteś bardzo grzeczny. Kiedy będziemy widzieli Pana u nas?—Jeżeli Pan pozwolisz, przyjdę jutro.

Zadanie 69.

Czemuż nie byłeś wczoraj w szkole?—Ucząc czytać naszę małą Esterę, muszę zostać w domu jeden dzień w tygodniu.—Czy jéj nie możesz dawać lekcyi w wieczornych godzinach?—Nie mogę, szanowny Panie nauczycielu! bo ona zjadłszy kolacyą, zaraz idzie spać.—Kto zabryzgał błotem suknie nasze?—Pawliczek to zrobił skocząc w kałużę.—Czy mam wytrzepać suknie Pana, czy wiksować bóty?—Wywiksowawszy bóty i umywszy sobie ręce, ukrój piérwéj chleba, posmaruj go masłem i zanieś go do młocków w stodole, a zrobiwszy to, wytrzepaj me spodnie i wyczyść je szczotką. —Czy obiad jeszcze nie gotów?—Gotując się jeszcze półgodziny, będzie dobry.—Czy syn Pana dostawszy te pieniądze, będzie kontent?—Może być kontent z tych, a będę mu pisał, żeby mi dał pokój.—Czytając to, co będzie myślał?—Niech myśli, co chce, ja będę czynił, co uważam za prawe i dobre.—Niech djabli wezmą wszelką względność, gdy dzieci nadużywają naszéj słabości.—Wydaje pieniądze, nie rozważając, jak mi to ciężko zarobić grosz w tym złym czasie.—On nie podobien Panu, bo będąc młodszym jeszcze byłeś Pan chciwszym na pieniądze, niż teraz.—Życząc sobie, cobym nie musiał cierpieć niedostatku w starości (w starych latach), byłem w młodości (w młodych latach) pilnym i oszczędnym.—Gdzieś Pan podział swój piękny płaszcz?—Kupiłem sobie nowy, a kazałem zrobić ze starego suknią i spodnie dla mego syna.—U kogo dajesz robić Pan teraz?—U pewnego Abramowskiego, który tu teraz mieszka wydoskonaliwszy się dobrze w Paryżu.— Niechiałbyś Pan być tak łaskaw dać mi jego adres?—Mój krawiec, mocno pijąc, często mi psuje me rzeczy, dla tego nie dam już robić u niego.—Nie spokrewniony on z Panem? —I owszem, ale myślę, żem dla tego nie powinien dać mu psuć me rzeczy.—Niech się poprawi, a chętnie dam robić u niego.—Myślałem, że jest porządnym i czynnym człowiekiem.—Kto wrzeszcząc biegł na podwórze?—Byli to Halszka i Boguchwał, którzy grając zawsze wrzeszczą i hałasują.— Widząc ich, powiedz im, że nie chcę tego cierpieć.—Nie pozwolisz Pan, abym wychodził na powietrze?—Przyszedłszy zupełnie do sił, [idź Pan, dokąd chcesz, ale dziś jest za zimno i wiatr, a Pan jesteś jeszcze za słaby. — Kto zrobił plamy na mym rysunku?—Towarzysz twój Sobek, oglądając je, mówił i popryskał je śliną.—Oglądając rysunki, nie trzeba mówić, a przynajmniéj mówiąc trzymać rękę przed gębą.

Zadanie 70.

Który z tych dwóch młodzieńców jest brat Pana?— Prowadzący te dwie dziewczyny jest mój brat, a dziewczyna (pani) tak wdzięcznie śmiejąca się jest jego oblubienica.— Komu obiecałeś Pan książkę mającą ozdobną oprawę (ks. z ozdobną oprawą)?—Będąc wczoraj w teatrze widziałem piérwszy raz najmłodszą córkę (córeczkę) dawnego mego wojskowego towarzysza.—Słyszawszy obcą śpiewaczkę śpiewającą prześliczny duet, życzyła sobie textu téj opery.— Obiecałem jéj go i kupiłem go dziś u ubogiego człowieka handlującego takiémi książkami.—Czy znasz ludzi grających w karty pod tamtém drzewem?—Tam nikogo w karty grającego nie widzę; słyszę kogoś głośno czytającego i myślę, że drudzy bardzo pilnie słuchają.—Na czyich koniach jechali wasi goście do Szczytna?—Na własnych naszych koniach.—Jeden już nie mógł jechać na swéj kobyle mającéj białą zadnią nogę (k. z białą zadnią nogą), ponieważ ona jest trochę kulawa, a drugi już niechciał jechać na swym karym ogierze, który zrzucił go wczoraj dwa razy.—Czy krawiec robiący suknie Pana szyje dobrze i trwało?—Nie można mówić; jego szwy wnet się prują— Ja także nie dałbym robić u niego, ale on jest spokrewniony z mą żoną, i tak myślę, że powinienem go wspierać.— Kiedy mi chcesz Pan płacić ośmdziesiąt talarów, coś mi Pan winien je?—Pan je dostaniesz w bieżącym miesiącu. —Nie mam teraz bieżącéj monety, a niechcę ofiarować Panu papierowych źle stojących pieniędzy.—Czy Pan jeszcze nie masz listu od swego przyjaciela?—Mam.—Wyobraź sobie, miła przyjaciółko, moje zadumienie się; wchodząc dziś rano do mojéj studerni, widzę mego przyjaciela samego siedzącego na kanapie i czytającego w jakiéjsiś książce.— Rzucił on mi się na szyję mówiąc: „Ciesz się, drogi bracie! wygrałem wielki los i za te pieniądze kupiłem sobie piękną wieś Hrabiego N., leżącą nad Radunią w kraju również pięknym jak urodzajnym. — Jak wielka ta wieś?— Jest przeszło tysiąc pięćset dwa morgi (morgów) roli, dwieście trzydzieści sześć morgów łąki a pięć włók czyli sto pięćdziesiąt morgów lasu, odległego zaś pięć mili odewsi.—Czy Pan sam będziesz gospodarował w téj wsi?—Chciałem ją zostawić dzierżawcy teraz w niéj gospodarującemu, a tylko sam gospodarowałbym w niéj, gdyby mi dawał za mało dzierżawnego.

Zadanie 71.

Czy podobna, żeby człowiek był nam zupełnie obojętnym, którego ściśle znamy oddawna?—Zapewne nie.—Będzie on od nas albo kochanym, albo nienawidzonym; szanowanym, albo pogardzanym.—Czy nie byłeś dość często napominany od twego nauczyciela, być pilniéjszym i posłuszniéjszym?— Nie potrzeba mi być napominanym ani od ciebie, ani od mego nauczyciela, ani od kogoś innego, bo jeszcze nigdy nie byłem karany od mych nauczycieli.—Czy twierdza jest dobyta przez Francuzów?—Francuzi częstokroć żwawo na nią napadali, dwa razy nawet szturmem; lecz każdy raz odpędzeni byli, a serdeczna i odważna załoga ani bojem, ani głodem zwyciężona nie była.—Czy nie można było przekupić Komendanta, albo podéjść twierdzę sztuką?—Nie dał się przekupić, a jedyne słabe miéjsce twierdzy niebyło zdradzone.—O szlachetny, wierny synu twojéj ojczyzny! bądź równie tak wynadgrodzonym od twego Monarchy, jak będziesz chwalonym i poważanym od współników i potomków. —Spodziewajmy się, że to słuszne życzenie wypełnione będzie.—Wiele Francuzów zabito było?—Do dwudziestu dwóch tysięcy między nimi trzech Jenerałów, a Marszałek polny sam ma być zraniony.—Czy uciekający byli prześladowani przez (od) nieprzyjaciela?—Nic o tém nie słyszałem. —Czy nasze twierdze byłyby bronione również wiernie i mężnie?—Spodziewajmy się, że są i pomiędzy nami mężowie, którzyby woleli stracić swe życie, aniżeli swój honor.— Słyszałżeś Pan, jak bardzo nasz sąsiad oszukany od (przez) Włochów?—Nie byłby tak często oszukanym, gdyby nie był tak chciwy na grosz.—Oszukana strona zwyczajnie jest głupsza i często gorsza.—Cobyś Pan mówił, gdybyś słyszał, że ten wielce od nas wszystkich poważany człowiek dziś był zaprowadzony do więzienia?—Nie wierzyłbym, boby to było za smutno, gdyby było uzasadnione.—Pan mówisz nie rozważając, że mnie przezto obrażasz.—A Pan nie musisz wierzyć wszystkiemu nie zbadawszy prawdy rzeczy udzielonéj Panu.—Jak się Panu podobał nowy kaznodzieja?—Za często nie domawia słów; największéj części jego kazania ja słyszeć nie mogłem.

Zadanie 72.

Kto przysposabia drwa u (dla) Pana?—Moi parobcy je rąbią w lesie, przywożą, piłą rzną i łupią.—Gdzie myją owce we wsi Pana?—Można je myć w mimo-płynącéj rzeczce; ale moje owce każę myć w jezierze należącém do mojéj wsi.—Dokąd Pan zawieziesz swą wełnę?—Przeszłego roku zapłacono ją najlepiéj w Szczecinie, zatém i tego roku ją tam zawiozę.—Co się tam nie przeda, zawiozę do Berlina.—Gdzie się składa (ob. G. składają) obca wełna (ob. obcą wełnę) w Berlinie?—Budują do tego osobny skład na Alexandrowskim rynku, który wynajmują bardzo tanio obcym przedawcom.—Zabito u was wiele zajęcy téj zimy? —Zabiliśmy bardzo mało zajęcy, ale tém więcéj innéj zwierzyny.—Kto zastrzelił czeladnika wędrownego?—Jeszcze nie odkryto sprawcy. — Dziwuj się Pan niecofnionemu wyrokowi! Zastrzelony jako dwunastoletni chłopiec był zbójcą rówienniczki niebacznie od (ob. przez) niego zastrzelonéj.—Czy go nie ukarano za ten uczynek?—Sądy uznały go za małoletniego i wypuściły go, ale sumienie nieustannie go męczyło i obraz zabitéj wszędzie go prześladował; lecz (jednak) trzeba powiedzieć, że został dobrym człowiekiem i zdatnym rzemieślnikiem.—Jak się to rachuje?—Zupełnie tak się rachuje, jak piérwszy przykład.—Czy tu grają tyle, ile w Po?—Tutaj nie grają tyle, ile w innych miejscach, gdzie są wody.—Czemuż nie każe Policya zamknąć szulernie?—Obawia się, aby mniéj osób nie bywało, gdyby szulernie zamknięte były i gra zakazana.—Można powiedzieć, że więcéj ludzi niszczy się grą, aniżeli leczy się wodami.—Czy mogą grać wszędzie u wód?—Jest mało miéjsc. może ani jednego, dokądby zewsząd nie schodziły się gry.—Tutaj także skrycie grają, co jest tém niebezpieczniéj.—Czy oddano na pocztę list do Warszawy?—Wcale jeszcze go nie pisano.

Zadanie 73.

Czemuś Pan nie był na Wielkanoc u swych rodziców?—Mój lekarz nie dał mi był pozwolenia powrócić do miasta.—Czy żaden ze swoich nie odwiedził Pana?—Mój najmłodszy brat z moją drugą siostrą byli tu dwa razy dla dowiedzenia się o mém zdrowiu i dla méj rozrywki w mojéj samotności.—Jeżeli Pan nie masz nic więcéj dziś do czynienia. to pójdźmy na świeże powietrze.—Z wielkiém ukontentowaniem.—Bawienie się w izbie już mi jest bardzo przykre.—Nie dajesz sobie Pan czasem co czytać?—Mój towarzysz nie jest bardzo zdolny do czytania; trochę się zająka i nie zna się na czytaniu (beſſer: i nie umie czytać) wierszy, które najwięcéj śpiewając odczytuje nędznie.—Można sobie wystawić, że uszy, przyzwyczajone, jak Pana. do dobrego czytania, tém bywają obrażane.—Pan możesz mi wierzyć. że jego obecność służyła tylko do wzruszenia i większego zasępienia mnie.—Sposób jego obchodzenia się z człowiekiem słabe mającym nerwy jest to najdziwaczniejszy.—Nie mając zamysłu wzruszać kogo, łatwo może pobudzać do największego gniewu.—Najlepszy sposób pozbycia się go jest udawać śpiącego.—Jakeś Pan kontent ze swego mieszkania?—Ono jest przestworniejsze i suższe od naszego mieszkania w mieście; ale do zupełnego zadowolnienia mego (mnie) potrzebaby było, żeby pokoje były wyższe i widnokrąg podawał więcej odmian.—Aby zaś nie czynić mych rodziców niespokojnymi, nie dam im pomiarkować, że mam jeszcze coś do życzenia (sobie).—Byłżebyś Pan już w stanie, krócić konia?—Może, ale wstawszy dopiero z łoża chorego jeszcze nie śmiem jeździć konno; mógłbym mieć przypadek i przezeń (für przez niego) żałować za mą śmiałość.—Gdzie Pan podziewasz odłożone swe suknie?—Z lepszych każę robić suknie mym synom (dla mych synów); gorsze daruję żebrakom zamiast pieniędzy.—Czy Pan dajesz każdemu proszącemu nie pytając się, jak (do czego) używa podarunku? —Kto prędko daje, daje dwa razy.—Dokąd idą Państwo? —Idziemy do kościoła, aby słyszeć nowego proboszcza.

Zadanie 74.

Czegoż Panu brak?—Wypiłem niejedną szklankę bawarskiego piwa, co tak mnie wzburza, iż mi się czmyra w głowie.—Niechcesz Pan spać na méj kanapie?—Niechce mi się spać, ale pić mi się chce, a wypiłbym szklankę świeżéj wody, jeżelibyś Pan był tak łaskaw kazać mi dać.—Bardzo chętnie.—Zdaje mi się, że Pan nie możesz znieść wiele.— Przepraszam Pana, nie szkodzi mi pić piwa albo wina, ale mi się zdaje, że bawarskie piwo mi szkodzi.—Nie błyskało się teraz?—Nic nie widziałem, ale się pokazuje, żeś Pan dobrze widział, bo teraz grzmi.—Czy Pan myślisz, że będzie padał grad?—Jeszcze nie mocno pada deszcz, szkodaby było tak dobrze stojącego zboża, gdyby grad je zbił.— Niebo bardzo się chmurzy (czerni), i obawiam się, abyśmy nie mieli wielkiéj burzy.—Patrz Pan! tam niebo się wyciera. —Idźmy na przechadzkę.—Przepraszam Pana; odechciało mi się iść na przechadzkę, ale proszę Pana, niedaj się Pan wstrzymać; muszę (powinienem) iść do domu, aby pisać jeszcze niejeden list.—Czy Pan myślisz, że będziemy mieli po południu piękną pogodę?—Tak się zdaje, bo mgła upada, i niebo się wyjaśnia.—Czy Pan może wiesz, gdzie widzieli ognistą kulę napowietrzną, która się zdawała być większą nad księżyc?—Widziano ją i tutaj, i mówią, że upadła meteorowym kamieniem w najbliższéj wsi.—Gdzie można ją widzieć?—Jest już w królewskim gabinecie Naturaliów.—Żal mi, iżem jéj nie widział.—Czemu Pani już śpieszysz?—Nudno mi słyszeć tę muzykę.—Zdaje mi się, że Pani tęskno wszędzie bez swego narzeczonego.—Wolno Panu myśleć, co chcesz; lecz byłoby lepiéj, gdybyś Pan milczał.—Co mówią ludzie o tureckiéj wojnie?—Powiedzieli, że Turcy wygrali znowu bitwę.—Niewiesz Pan, jak się powodzi naszemu dawnemu towarzyszowi mieszkającemu teraz w Pile?—Słyszałem, że niedawno go okradli; wstydby to było, gdyby nieborak był wcale zgubionym.—Co to za hałas na ulicy?—Krzyczą: gore! Śpieszmy do pogorzeliska.—Bardzo jeszcze mi się chce spać, a jak się zdaje, jeszcze nie dnieje.—Któraby godzina?—Dopiero trzy kwadranse na piérwszą, ale nam się należy wstać i iść tam.—Nie możesz Pan mi powiedzieć, gdzie są dobre węgorze?—W naszém mieście niémasz węgorzy; w jeziorku, które Pan widzisz tam błyszczące się, tylko okunie i płocice poławiają się.—Ponieważ mi się zachciewa jeść ryby, muszę być kontent z takich, jakie można tu mieć, a choćby najmniéjszych, jeżeli jeno są świeże i dobrze przyprawione.—Nie miałbyś Pan łaski powiedzieć mi, gdzie się kupują jak najtańsze chustki?—Racz Pan iść do piérwszego kramu na (ob. przy) téj ulicy.—Ta ulica jest ciaśniuchna, i źle się jeździ po chropawym bruku.

Zadanie 75.

Czy zawsze wieziecie waszę pszenicę do Tczewa?—Wieziemy nasze zboże do Gdańska lub Elbląga, ale bardzo potrzebując pieniędzy i chcąc być wkrótce w domu, wieziemy tą razą do Tczewa.—Czemu tak dyszesz?—Bieżyłem od bramy aż dotąd; muszę sam biegać po wszystko, a życząc sobie, żeby Pan mój był kontent ze mnie, idę jak najprędzéj.—Nie możesz Pan być mi pomocnym do oglądania wnętrza tego budynku?—Widać, żeś Pan dosyć nieświadom tutejszych obyczajów i zdaje się, że w ogóle znasz bardzo mało świat; bo im więcéj człowiek zna ludzi, tém lepiéj umie postępować z nimi i otrzymać od nich, czego żąda.—Gdzie jest ojciec Pana?—Chodzi w ogrodzie, gdzie nasze dziewki pielą chwaścisko.—Czy umiesz pływać?—To zaraz będziesz widział, bo popłynę ztąd aż do drugiego kołu.—Nie zachciewa ci się kąpać?—Czy się boisz wody? —Milcz, kochany przyjacielu!—Znasz mnie i wiész, że ani tchórzowaty, ani bojaźliwy nie jestem, ale jestem dziś trochę niezdrów.—Nie słyszałżeś syczenia?—Często tu słychać sykanie, ale nigdy nic nie widać.—Idźmy w owę chrościnę, zdaje mi się, że tam coś łazi.—Mówią, że ten kraj zupełnie próżny od wężów; niech tam łazi, co chce, ja niczego się nie boję.—Czy już jedziesz do domu?—Tak jest.—Zawsze tylko godzinę jeżdżę, bo mam teraz mało czasu do jeżdżenia.—Pozdrów twoję miłą siostrę odemnie.—Którą siostrę? —Dobrze wiész, że ich mam trzy.—Tę, która mi rysuje piękny krajobraz.—Czego sobie życzysz?—Posuń trochę daléj twój stołek, jest tu bardzo ciasno.—Niémasz tu miejsca do sunienia.—Milczno! Nic niemożna dosłyszeć.—Niech brząkają, idźmy do domu.—Daj mi pokój i nie draźnij mnie; jeżeli ci się chce jeść lub spać, to idźże sam do domu.—Czy się pobratałeś z tym człowiekiem?—Korzystam, gdzie mogę, z obcowania z światłymi ludźmi.—Co zarobił ojciec twój na koniu?—Obawiam się, żeby nie zgubił więcéj, niż zarobił.

Zadanie 76.

Co siewa Pan twój na téj roli?—Tu siewamy jęczmień, a tam sadzamy kapustę.—Na czém więcéj zyskacie?—Ile wiém, równy zysk mamy z obu; ale mogę powiedzieć Panu, że przeszłego roku Pan mój najwięcéj zarobił na konopiach, któreśmy zebrali byli; dla tego i mawia, onby nic nie siał, tylko konopie, jeżeliby to było podobno i pożyteczno dla roli.—Czy macie jeszcze dobre perki i brukwie?—Miewamy na wiosnę najlepsze pérki, lecz tego roku nie mamy ani dobrych pérek, ani brukwi, coby można jeść; ale nasz sąsiad wywozi jeszcze pérki do miasta.—Pytaj się go, po czemu korzec jak najlepszych pérek.—Gdzie śpią starsze dzieci Pani?—Latem (lecie) sypiają na górze, teraz najmłodsze śpi tu, a drugie śpią w tamtéj izbie.—Czytywałżeś w biblii?—Nie czytywałem w biblii; ale będę czytywał ją często téj zimy, bo wiém, że jest jedna z najpożyteczniéjszych książek i zawiera w sobie najmędrsze nauki. — Wiérz mi, mój przyjacielu, wiele skorzystasz przytém i lepiéj uczynisz, kiedy się nie pobratasz z lekkomyślnymi młodzieńcami, których ledwo znasz.—Czybyś Pan mógł zmienić mi ten bity talar?—Kiedy pójdę do bankiera mieszkającego najbliżéj reformackiego kościoła, rad usłużę Panu; ale muszę powiedzieć Panu, że niechętnie zmienia bieżącą monetę (kurant).—Sadzisz Pan i kalafiór w tym ogrodzie jarzynnym?—Aż dotąd go nie sadziliśmy, ale słyszałem, żeby się tu bardzo dobrze udawał, i kazałem powiedzieć memu ogrodowemu (ogrodnikowi), aby go sadził tam, gdzie teraz stoją nieużyteczne ozdobne rośliny, które kosztują więcéj, aniżeli są warte.—Dokąd toczą owi robotnicy wielkie kamienie?—Mają toczyć je w płynący tam strumyk.—Płynie bardzo wolno i cicho, ale gdy kamienie tam leżeć będą, wtedy fale (wały) jego przez nie przewalać się będą, a my będziemy słyszeli przyjemny szelest wodospadu w naszym parku, gdzie teraz tylko słychać brzęczenie pszczół i śpiewanie ptaków.—Dokąd jechali Hrabia z Hrabiną i ich córki (Hrabianki)?—Jeżdżą dla satysfakcyi i (dla) ruchu po chłodnym lesie.—Czy tu jeszcze szczuwają dziki?—Przeszłego roku szczwano dwa.—Były tu i bawoły, ale teraz dawno ich tu niémasz; także na jelenie i sarny polowano w tych do Hrabiego należących lasach.—Kąpmy się, towarzyszu!—Odechce mi się kąpać, bo ziębnę, że ręce mi drzą.

Zadanie 77.

Co Pani dawasz (zwykłaś dać) za takie szafianowe bóty?— Dawniej pospolicie kosztowały tylko półczwarta talara, ale za tamte dałam cztéry talary i pięć srebrnych groszy.—Kto ubił niedźwiedzia?—Mówią, że Jérzy to zrobił, ale ten nie bywa tak odważnym (śmiałym) idąc na dzikie zwierzęta i chętniéj się bawi naukami. — Z kim obcuje syn Pana na uniwersytecie?—Mój syn bywa stałym w przyjaźni, i nie mając znajomych w Gryfii, przestanie tylko ze swym starym także tam się uczącym przyjacielem, trzecim synem naszego sąsiada.—Nie zwykłeś Pan nosić niedźwiedzie?—Mam zwyczaj nosić szubę jeno w najzimniejszych dniach.—Kto opatruje chorą żonę synowca Pana, którą dziki wół ubódł? —Jéj małżonek sam ją opatruje.—Nieboszczyk stryj mój mawiał: kochająca ręka jest połową lekarstwa.—Kiedy zwykli twoi bracia iść spać?—Zwyczajnie idą spać o dziesiątéj godzinie.—Gdzie sypią?—Sypiamy w tamtéj jasnéj i przewiewnéj komorze, gdzie ani pchłów, ani szczurów, ani myszy niéma.—Czytujesz Pan jeszcze w łóżku?—Bynajmniéj. —Kto niechce potrzebować wcześnie okularów, temu potrzeba mieć staranie o swe oczy w młodych latach.—Kto brząka w przyległéj izbie?—Moja stryjenka zwykła tam się bawić graniem na gitarze.—Wierzę, że słyszę ją łkającą; co może ona mieć?—Nie mogę wiedzieć.—Czy Pan zażywasz [tabaki]? —Tylko kiedy owedy biorę szczyptę; sam nie posiadam tabaki, i nawet tabakierki nie mam.—Jak się powodzi naszemu dawnemu towarzyszowi Piotrowi?—Zażywa wczasu u swych miłych krewnych, gdzie jest nauczycielem języka u rzeźwych chłopców, których pieści i pielęgnuje.—Gdzież Pan zwyczajnie jész kolacyą?—W gościńcu pod złotym lwem zwykle dają dobrą kolacyą.—Czy jest dziś gęsia wątroba?—Pan możesz mieć pieczone cielęce żeberko, świnie uszy i kurczęcy frykas.—Daj mi chleba z masłem i zimnego wołowego ozora i butelkę dobrego bawarskiego piwa.

Zadanie 78.

Czemu szeptacie sobie do ucha?—Za prawdę jesteście przykładni w waszym postępku.—Daruj nam Pan; on mi szepnął jeno słówko.—Nie truń! Nie bój się, niech kiwa kijem.—Co za znak mu dałeś?—Kiwnąłem na niego ręką, aby milczał.—Milczno i ty, a nie trąć o stół.—Przepraszam Pana, stół się chyba, jedna bowiem noga jest za krótka.— Kto tam macha lisim ogonem?—Trzemy elektromiar, a przy tém zwykle się macha lisim ogonem.—Cóż tam błysnęło?— Była to elektryczna iskra, która nagle zgasnęła.—Co czytujecie w długie wieczory zimowe?—Nigdy nie czytując romansów, grywamy w karty, lub kiedy mierzchnie, a świeca jeszcze nie zapalona, jeden albo drugi z nas gra piosnkę na klawikordzie, czasem moja siostra i brat mój śpiewają duet.—Czy dobrze śpiewają?—Brat mój słynie śpiewaniem.—Jak się ma?—Niestety obawia się, aby nie oślepnął (ob. zaniewidział).—Na prawe oko prawie już nic nie widzi.—Często długo patrzy na rzecz nie widząc jéj.— Cały nasz dom grąźnie w nieszczęście.—Pan nie musisz tak mówić.—Niewiém, co się z nami stanie, lecz niech się stanie, co chce! Nie możesz Pan dobrze mi powiedzieć, która to teraz godzina?—Mój zegarek stanął; stawa trzy razy codzień, myślę, że coś złamane w nim.—Nie masz Pani cokolwiek do jedzenia (jeść)?—Chce mi się jeść.—Mogłabym dać Panu talérz rosołu z makaronami, ale już dosyć ostygnął.—Szkoda dobrego rosołu! jadłbym go, ale wołowy łój już się zgęsnął, i zdaje się, że już skwaśniał.—Ukroisz nam chleba?—Nie mogę, moja nożyna jest za tępa.—Co parsknęło w przyległéj izbie? — Nic nie słyszałem. — Nie widziałżeś, jak iskry pryskały; boję się, że jest pożar w domu.—Patrzmy, co tam jest.—Patrz Pan (oto), szkło pękło, oto parsknienie, coś Pan słyszał.—Nie pijesz Pan wina?—Służący mnie minął, a niechciałem mu nic powiedzieć.—To powinieneś Pan uczynić, często bowiem słyszę, że mija on gości.—Jak prędko czas mi minął u Pani! Żal mi, że się minąłem z Panem Baronem.

Zadanie 79.

Panie sąsiedzie! pozwoliłbyś mi czerpnąć kilka wiader wody ze swéj studni z żórawiem?—Czerpnij Pan, ile chcesz, jest dość wody w ziemi.—Ale patrz, dobry przyjacielu! łańcuch nie dostaje.—Janie! podaj naszemu sąsiądowi tamten długi drąg.—Gdzieżeś podział te dwie zięby, które ci dał Józef wczoraj?—Puściłem je, bo żal mi było biednych stworzeń (zwierząt) bardzo się tęsknących we swéj klatce. —Kto odmalował narzeczoną Pana?—Młody malarz mieszkający przy Królewskiéj ulicy.—Czy dobrze trafia?—Trafił każdego, którego obraz, od niego malowany, dotąd widziałem.—Gdzie on jest teraz?—Idąc do Królewskiego ogrodu Pan go zapewnie spotkasz.—Już drugi raz dziś się minąłem z nim, a radbym z nim mówił jeszcze dzisiaj.— U kogo Pan kupujesz swe cygara (cygary)?—Kupuję je w nowym sklepie w tamtym narożnym domu, ale te, które dałem Panu dzisiaj, kupiłem w Gdańsku, gdy niedawno tam byłem.—Wreście kupują u niego bardzo dobre cygara; kupi je w powiewném miejscu i daje im dobrze wysuszyć się.— Jeżeli to tak jest, kupię u niego tysiąc.—Pan zapewne będziesz kontent z towaru.—Czy będziecie dziś strzelać do tarczy? -Myślę, bo bywa strzelanie do tarczy co Środa (co Środę).—Idźmy o zakład! dostanę ztąd cel.—Dobrze! (Bądź tak!) Strzel piérwszy! Nie strzelajmy z tych fuzyi; należą do Barona a obiecałem (przyrzekłem) mu, ani sam ich nie ruszyć, ani nie dać drugiemu ich ruszyć (że sam ich nie będę ruszał, ani drugiemu nie dam ich ruszać).—Kto rzucił śniegiem na panienki idące do szkoły?—Był to ten chłopiec zły, który nie daje pokoju żadnemu przechodzącemu dziecięciu.—Jedno on bije, na drugie rzuca kamieniami lub nawet błotem.—Kiedy myśli wrócić się kuzyn Pana?— Dawniéj zawsze wracał po trzech dniach, ale teraz już dwa tygodnie jest w Królewcu.—Czy już zwrócił Panu książki Pana?—Zwraca je zawsze przed odjazdem.

Zadanie 80.

Chciałbym wiedzieć, kto zawsze wypija piwo, co zostawiam.—Kto dawniéj je wypijał, nie mogę powiedzieć, ale tę szklankę wypił Pawlik.—Piwo jest bardzo mocne, a dziecię może się niém upić.—Czemu mi przynosisz szklankę tak pełną wina?—Upij trochę! Matusia ją nalała, abyś się dobrze opił.—Dziecię moje! jedną szklanką lekkiego reńskiego wina zdrowy, krzepki człowiek nie łatwo się opije; ale pijąc w towarzystwie czasami pije się więcéj, niż można znieść, i często widziałem, jak wielu bardzo trzeźwych mężów, a nawet bardzo skromne i wstydliwe kobiéty i dziewczyny się upili.—Niedawno, gdyśmy byli na chrzcinach u Jakuba, połowa towarzystwa upiła się była winem i grokiem, i nawet dwie młode dziewczyny sobie były podpiły.—Nie myślisz Pan, żeby pijaństwo było szpetnym nałogiem?—Jest równie tak szpetnym, jak gubiącym (szkodliwym), a tém obrzydliwszym nałogiem.—Niejeden przepił dom i dwór, zdrowie i honor.—Widziałżeś Pan, jak nasz kupczyk niedawno się upił?—Całkiem on temu nie był winien; jam mu przypijał bardzo, a on był za wstydliwy, aby nie pić do mnie.—Lecz dałem mu popić filiżankę czarnéj kawy, i sam, nie taczając się, mógł iść do domu.— A w przyszłości Pan go będziesz upajał?—Już nigdy, aby mi nie zarzucał, żem go rozpoił.—Znałżeś Pan onego litewskiego rekruta, który mógł wypić półkwarty gorzałki duszkiem?—Nie znałem go i myślę, że to jest tylko anekdota, bo choćby kto też umiał tęgo pić, jednak nie jest w stanie, to uczynić.—Przywołajmy sąsiada i pytajmy go się; on to sam widział (on się sam temu przypatrzył).—Czy niewiész, że każden nazywa tego sąsiada kłamcą?—Wreście rozgniewałbyś go, gdybyś go odwołał (oderwał) od jego pracy.—Z kimże tam rozmawia?—Jest to on balwiérz, którego przezwali paplą.—Czy Pan także słyszałeś, że ten durak niedawno wyzwał chuderlawego krawca?—Cóż ten zrobił?—Wezwał policyą na pomoc; Burmistrz kazał balwierzowi przyjść do siebie i groził mu ciężką karą.

Zadanie 81.

Czemużeś zezuł trzewiki?—Wstążki same zawsze rozdzierzgają się; a bojąc się, abym ich nie gubił, zezułem je.—Może Pani wiesz, kiedy brat Pani będzie się ztąd przenosił?—Skoro jego nowe mieszkanie będzie malowane i tapicerowane, przeniesie się ztąd.—Cóż Pan mówisz o nowym poborze, który rozpisali?—Ta wiadomość nie jest pewna, gazety wypisały ją z jednego francuzkiego dziennika. —Kto to pisał?—Czy ta ręka Panu się podoba?—Nie jest to piękną, ale pewną i wypisaną ręką.—Nie wypiszesz tego rozdziału?—Jeszcze niewiém.—Gdy zapisałem tę stronę, muszę tym czasem poprzestać.—Czy wciąż przepisujesz wszystkie słowa?—Muszę to robić, bo skrócenia nie są dozwolone.—Nie mam zamknąć okna albo drzwi?—Jest tu przewiew.—Czemu dajesz (każesz) Pan zamurować te drzwi i tamte dwa okna?—Dam (każę) tu przymurować jeszcze skrzydło, ponieważ mieszkanie już nie dosyć wielkie.—Czy wypuścisz wiewiórkę, którą ci darował Wacław?—Kazałem powiedzieć Bogumiłowi, iż mu chcę ją przedać za dwadzieścia dwa grosze, jeżeli zaś jéj nie kupi, daruję ją Maryjce.—Myślę, że twój brat się sprzeciwi darowaniu, albowiem już dawno przyrzekł kanarka i wiewiórkę naszemu Pawłowi, a wiesz, że nigdy nie chybia słowa.—Dla czego bijesz tego chłopca?—Bił on mego brata i cisnął nań śniegiem.—Bije wszystkie dzieci będące słabsze od niego, a mnie samego powalił niedawno o ziemię.—Czy się tam świeca nie miga?—Widzę ją, ale się boję, żeby to nie był błędny ognik i nie wpadliśmy w bagno.—Włażę na drzewo i spojrzę na okolicę, może zoczę dom jaki.—Szkoda, żeśmy porzucili nasze pochodnie.—Czemużeś sobie obwinął twarz wielką ciepłą chustką?—Patrzże Pan, jak mi nabrzmiał prawy policzek od bólu zębów.—Całą noc nie mogłem zamknąć oka, a już niewiém, co czynić, aby uśmierzyć bóle. —Ząb jeszcze nie jest spróchniały, niechcę więc dać go wyrwać.—Powiém ci środek, co ci będzie bardzo skutecznym. —Bądź Pan tak łaskaw; będę Panu za to bardzo zobowiązany.—Nakróp kroplę tego oleju na bawełnę i połóż ją na chory ząb lub jeżeli ząb jest spróchniały, wtedy włóż ją w sam ząb.—Daj jéj tam leżeć, wypluń aż do uśmierzenia bólów. — Niech ci to Pan Bóg wynadgrodzi! Pan mnie oswobodziłeś od wielkiego bólu.—Czytałżeś Pan już dzisiéjsze gazety? — Czytałem. — Powiadają, że Anglicy zwyciężyli Chińczyków w dwóch bitwach, i że Królowa obiecała dożywotnią pensyą każdemu wyprawę przeżyjącemu wojownikowi.—Kto był ten Jegomość, który nas pozdrowił w ogrodzie i przyrzekł Panu, jutro nas odwiedzić?—Był to brat naszego szanownego kaznodziei, którego on sam odwiedził. —Która bije godzina?—Nie słyszę bicia, ale wiém zapewno, że już biła piąta.—Czas odpoczynku przeminął, a czas pracy zaczyna. — Pozdrów twych braci odemnie i bądź zdrów. — Do zobaczenia się.

Zadanie 82.

Kto przyszedł (przybył) dziś do was?—Był to nadzwyczajnie bogaty, a równie tak skąpy stryj mojéj matki. —Co powiada nowego?—Mówi jeno o sobie i o swych pieniądzach, które zgromadził i których myśli jeszcze więcéj zgromadzać.—Czy sam zawiaduje swoim majątkiem?—Jakże możesz Pan myśleć, iżby najskąpszy człowiek nie był i najnieufniejszy?—Czy go już raz okradli?—Niewiém, ale on nam powiedział, że niedawno temu poimali zbójcę w jego domu.—Jakże ten wszedł był do domu?—Miał się zakraść i skryć we dnie; ale nie mogę pojąć, jakby to było podobna w domu, który zawsze jest zamknięty i prawie zamurowany.—Nie znaleźli złamanych szkieł, ani wysadzonych drzwi?—Brat mego dziada w prawdzie się wstydzi, udzielić nam to, lecz się wywiaduję gdzie indziéj, a wtedy powiém Panu, jak się ma ta rzecz w istocie.—Nie chciałbyś Pan jeszcze dzisiaj odpowiedzieć na list naszego korrespondenta?—Nie mam nic do odpowiedzenia, tylko mi donosi (mnie uwiadamia), że ucięli prawą nogę jego młodszemu jednookiemu bratu, i że jemu samemu na granicy zabrali cały cętnar cukru i pięć worów kawy.—Czy mu nie wrócą (oddadzą) tych towarów?—Jeżeli chce zapłacić poczwórne cło, karę pieniężną i całą wartość towarów, może je dostać nazad; ale byłoby to drugie kupno. — Gdzieś znalazł te kamienie?—Grając w lesie, na tém miéjscu, gdzie strumyk wchodzi do rzeki wielkiéj, czasami znajdujemy te piękne pstre kamienie, które strumyk zdaje się spławiać.— Czy jeszcze tam stoi pomnik któryśmy wystawili naszemu wiernemu pudlowi?—Wiatr go obalił, ażtam tylko widać kabłąkowatą obalinę wiekopomnéj budowy.—Chcesz Pan podjąć się téj pracy, którą lekarz poradził Panu?—Wprzód chcę się radzić innych lekarzy, bo lekarz mój czasami coś radzi nie rozważając skutków; jest to najlekkomyślniejszym człowiekiem na świecie.—Gdy Pan to wiész, dla czegoż nie przyjmujesz zgoła 'innego lekarza?—Gdzie najmiesz Pan letnie mieszkanie dla siebie?—Jeszcze nie mogę powiedzieć, myślę, że nic stósowniejszego nie znajdziemy nad nasze przeszłoroczne mieszkanie, które teraz zajmuje nasz zgrzybiały służący, który musi zawiadować domem.—Czy jabłka jeszcze nie dojrzewały, gdyś Pan był na wsi?—Zaczęły dojrzewać, ale mi się jeszcze nie zachciało ich jeść.

Zadanie 83.

Czy mam teraz wymyć szklanki, czy zamiatać izbę?— Wypłukawszy bieliznę, zamieć izbę, a potém obuj dzieci w trzewiki, bo muszą iść do szkoły o trzy kwadranse na ósmą.—Czy winna beczka ciecze, czy nie jest zaszpuntowana?—Zdaje się, że Jan utoczywszy trochę wina zapomniał ją zaszpuntować.—Inaczéj on jest bardzo przezornym i szczelnie zaszpuntuje beczki, aby nic nie wyciekło, ale dziś latarnia mu zgasnęła była, a on nie mógł dobrze widzieć.—Czybyś Pan pozwolił nam zebrać wino co wyciekło?—Możecie je zebrać i przecedzić, ale nie upijcie się.— Uniżenie dziękujemy.—Czegoż Pan szukasz?—Moja sakiewka z przeszło sto dwadzieścia pięć czerwonych złotych zginęła mi, a nieśmiem iść do domu bez tych pieniędzy, Pan mój bowiem mógłby myślić, żem je skręcił. — Nie możecie mi powiedzieć moi Panowie, czy pospolite ruszenie [wojska (armii)] już nakazane? — Czytałem w tutejszych dziennikach urzędowych tylko o powołaniu urlopników. — Dojdziesz Pan do lasu? — Nie, skoro przyjdę do tamtego drzewa, obrócę się na prawo. — Doprowadza ta droga aż do wsi? - Powiedzieli mi: jam tu niewiadom drogi. — Komuby należała tamta murawa, którą ludzie opłocają? — Należy do naszego rządzcy, który kupił tę wieś i teraz każe wszystko naprawić. — Gdzie jest poprzedni posiadacz? — Przedawszy wieś pojechał do Brukselli, gdzie myśli zostać na zawsze. — Czy jego krewni byli kontenci z przedaży swego dziedzictwa? — Dopiero tu przyszli, gdy już wszystko był przedał i sam odjechał. — Ponieważ handel prawomocno był zawarty, już nic niemożna było zmienić. — Zkądże wziął rzadca tak wiele pieniędzy dla kupna takiéj wielkiéj wsi? — Ućciwy i czynny człowiek zarobił je sobie. — Zgromadził wielki kapitał nie ukradłszy ani grosza. — Zapiszesz Pan te jedwabne kamizelki, których próby nam pokazałeś? — Już są zapisane z Lugdunu i wkrótce tu przybędą. — Towarzysze widząc te przepyszne srebrogłowe kamizelki zazdroszczą Panom. — Skoro przybędą tu, dam Panom znać. — Proszę Pana, miejże tę łaskę; Pan niezmiernie mnie zobowiążesz. — Kiedy wyjadą młodzi hrabiowie? — Zwykle wyjeżdżają zaraz po śniadaniu, a pospolicie śniadają już o pół do siódméj. — Ponieważ Pan mówisz o zegarku, widzę, że Pański zegarek zaraz stanie, bo wyszedł. — Czy można przechodzić przez tę łąkę? — Nie idź Pan tam, Pan mógłbyś grząznąć. — Któż teraz pielęgnuje starego pobożnego księdza, który podobno tak schorzały? — Już umarł. — Wieluż ludzi tu umierają? — Niestety, jest tu zaraza i w krótkim czasie umarło więcéj nad tysiąc i pięćset ludzi wszelkiego wieku i stanu, starce i dzieci, mężczyzny i kobiety, tak panowie, jak i parobcy. — Używajmy sobie, pókiśmy jeszcze zdrowi; kto wié, czy dożyjemy jutrzejszego dnia. — Lecz używając sobie, trzeba się strzedz, abyśmy sobie nie szkodzili zbytkiem. — O miły przyjacielu! można jeść i pić nie przejadając, ani przepijając się: mawiają: zachowaj miarę we wszystkich rzeczach, i tak i my czyńmy.

Zadanie 84.

Możesz mi powiedzieć, co to jest Matematyka?—Myślę że to umiem. Matematyka jest to nauka ucząca nas stosunków wszelkiéj rozległości.—A cóż to Astronomia?—Jest to nauka wszelkich ciał niebieskich, do których należy i nasza ziemia (ile), albowiem jest planetą.—Jak się zowie najbliższa planeta słońcu?—Z planetów, które dokąd znamy, nazywamy najbliższą słońcu Merkurjusz.—Czy to prawda, że ziemia krąży około słońca?—Owszem musi to być prawdą; można tego dowieść.—Jak się nazywa ten mąż, który to piérwszy objawił światu w średnich wiekach?—Kopernik, Kanonik polski, któregoby nazywali z większém prawem Wielkim, aniżeli niejednego Monarchę i wodza.—Widziałeś Pan posąg, który mu wystawili w Toruniu?—Widziałem go i dość mi się podobał; ale proszę, powiedz mi Pan, czemuż mu wystawili posąg w Toruniu?—Nazywają Toruń rodzinném miastem Kopernika; ale to nie ma być wcale pewno.—Zdrów ojciec Pana?—Mój ojciec zawsze się ma bardzo dobrze, bo żyje bardzo regularnie i miernie.—Możesz mi powiedzieć, jak się nazywa człowiek niosący tam nasze płaszcze?—Ja niewiem, jak on się zowie; ale Jérzy musi go znać, albowiem mu je dał.—Kto z was piérwszy chce chwytać piłkę?—Bogdan siedzący na tamtéj ławce dla odetchnienia grał piérwszy, teraz Pan możesz mi dać grać. —Nie możesz grać w piłki, bo jesteś cały zgrzany.— Odpocznij nasamprzód, a potém wróć znowu tutaj.

Zadanie 85.

Gdzieś Pan był tak długo?—Spałem kilka godzin.—Czy Pan wiész, żeś zaspał wielką niespodziankę?—Szkodaby to było; ale proszę, powiedz mi Pan, co za niespodziankę miałem zaspać, boby mi to bardzo dolegało, gdybym się przekonał, że Pan nie żartujesz.—Oto chcę przypomnieć Panu radosną wiadomość, którą nam przyniósł ostatni list naszego stryja.—Jak się Panu podoba ta muzyka?—Już nie podoba mi się kwotlibet, którego muszę słuchać co dzień.— Zdaje się, że muzykanci umieją grać jeno ten jedyny kwotlibet.—Czy Pan znasz człowieka służącego za stangreta w zamku Hrabiny?—Bardzo dobrze go znam; nie umie powozić, a wszystko robi jeno aby zbyć.—Baron bardzo się cieszy, że go odprawił.—Co zaś najdziwniejsza: Hrabina go zamówiła, nie widziawszy jego zaświadczeń, ani wypytawszy się o nim u jego dawnego Pana.—Co donoszą paryskie gazety o hiszpańskim rokoszu?—Hiszpańskie korrespondencye nie doszły były redakcyi w Paryżu; mówią, iż rokoszanom ani pieniędzy, ani sił nie dostaje.—Czego płacze piękna panna niosąca powabne dziecię?—Spotkało ją wielkie nieszczęście i żalby było Panu tej panny, chociaż Pan jej niezna, gdybyś znał okoliczności. — Długoż Panowie byli w Dreźnie?— Przeszedłszy dwa razy całą saską Szwajcaryą Jerzy i ja piérwsi szliśmy do Drezna, a drudzy pojechali za nami za trzy dni.—Czemuż oni się byli pozostali?—Powinni byli jechać naprzód do Lipska, gdzie ich ojcowie oczekiwali ich już trzy dni.—Nie tęskno wam było bez nich?—Jest w Dreźnie na co patrzeć, a trzeba było korzystać z naszego czasu jak najlepiej, aby poznać godne widzenia, bośmy nie mogli zostawać tam dłużej nad tydzień.—Co was kosztowała ta podróż?—Zgadnij Pan! Zaledwie Pan zgadniesz.—Kosztowała każdego po dwadzieścia pięć talarów, a tyle ta rozrywka była warta.

Zadanie 86.

Jakże lud jest kontent z nowych ministrów?—Lud nigdy nie będzie kontent; byłych nazywał pijawkami, a teraźniejsi zdają się być bańkami, choć udają teraz przystępnych i gorliwych urzędników. — Czy nabywca wsi Pana nie jest Francuz rodem?—Ma być rodem z Francyi, ale zowie się

Michalski, bo jest przyjęty do tego herbu i zrobiony dziedzicem wszystkich jego dóbr.—Jakże Pan go uważasz?— Wszyscy my uważamy go za arcywykształconego światownika, i mniemamy, iż będzie równie tak dobrym, jak przyjemnym sąsiadem; ale jego bardzo młoda małżonka zdaje się być pyszną (dumną) i rozrzutną; lecz w dobréj kompanii może być z niéj najprzyjemniejsza dama (pani); tym czasem weźmijmy ją taką, jaką ona jest.—Czy wiesz, kochany sąsiedzie, kogo mianowałem guwernerem moich synów?—Równie tak uczonego, jak skromnego i pobożnego syna Pana.—Mogę zapewnić Jaśnie Wielmożnego Pana, że będzie synom Pana miłym przewodnikiem.—Gdzież był on wychowany? — Przyszedł małym chłopczykiem do mojéj najstarszéj siostry, któréj mąż jest Konsyliarz w Poznaniu. —Może go znam?—Zowie się Jan Grabowski; ojciec jego tu żył jako kapitalista.—Jakim sposobem pojedziesz Pan do Królewca?—Myślę, że na wiosnę będzie jeszcze za zimno, aby jechać wodą; inaczéj jechałbym statkiem parowym płynącym z Szczecina dotąd.—Czy Państwo i zimą zostawacie na wsi?—Czasami, mianowicie, gdy powietrze w jesieni długo zostaje pięknem i ciepłem.—Dokąd Pan teraz jedziesz na koniu?—Chcę jechać lasem do naszego myśliwego; możesz kazać tym czasem gotować obiad, bo wrócę o drugiéj.—Wieleż zwierzyny (dziczyzny) jest w tych lasach? —Ten las jest obfity w zwierzynę, czasem widać jelenie i sarny stadami, a wzrostem i smacznością przechodzą wszystką zwierzynę tego kraju.—Gdzie jest teraz szanowny brat Pana?—Poszedł jako poseł do Monachium. Pojechał pocztą? Kto pojedzie teraz pocztą, gdy niémasz nic wygodniejszego i tańszego nad kolej żelazną.—Czy nie bardzo dokuczają para i dym?—Bynajmniéj.—Pan zapewne jeszcze nigdy nie jechał koleją żelazną.—Proszę, nie gardzić mną za to; w naszym kraju niéma kolei żelaznych, a tu jestem dopiero dwa dni.

Zadanie 87.

Rozgatunkowałżeś Pan już porcelanowe talerze i filiżanki? —Kupiłbym cały brak.—Mamy jeszcze tylko dwa tuziny talerzy a dziesięć do dwunastu tuzinów pozłacanych filiżanek. —Czy Pani podobają się te róże?—Bardzo mi się podobają. —Cała okolica różami pachnie.—Każda moja przyjaciółka kupiła sobie bukiet i boję się, żeby ogrodowy nie pozbył wszystkich, nim powrócę.—Nie myślisz Pan, iż ten ogród wspomoże tego człowieka, wydającego się bardzo czynnym i zdatnym ogrodnikiem kwiatowym?—Może stać się bogatym człowiekiem naśladując swego poprzednika, do którego należy ogród i od którego on go ma w dzierżawie.—Gdzie stoi teraz czwarty półk załogą?—Latem zawsze stoi w Opawie, gdzie żołnierze stawają [gospodą] u obywateli (mieszczan), niémasz bowiem koszarów w Opawie.—Czy mniemasz Pan że uczonym albo kunsztmistrzem jest ów młody człowiek (młodzieniec), któregośmy wczoraj wieczorem widzieli w towarzystwie Pani Burmistrzowéj?—Kochany Jędrzeju! Już dawno go znam jako bardzo utalentowanego wierszopisa i człowieka, któremu mało innych się równa dowcipem i nauką.—Książę także uznał go jako praktycznego człowieka i chce go przeznaczyć na Professora krasomówstwa przy uniwersytecie.—Czy ta tafta jest tak széroka, jak ten atłas?—Przepraszam Panią Dobrodziéjkę; tafta całym łokciem szérsza i o talar i pięć groszy srebrnych tańsza od atłasu. —Jak długa jest ta reszta?—Ma zupełnie półszesnasta łokci wdłuż, a półtora łokcia wszérz.—Suknia kosztowałaby Panią mniéj od dwudziestu talarów.—Ukrój mi Pan dwanaście łokci bez ćwierci od tamtego węższego kartunu.—Do usług Pani Dobrodziéjki.—Podaj mi inne nożyce.—Témi nożycami niemożna strzydz tego cienkiego kartunu.—Trzeba je dać ostrzyć.—Handlujesz Pan i rękawiczkami?—Do usług Pani Dobrodziéjki. — Czy mam je pokazać Pani? — Bądź Pan tak łaskaw; będąc tu chciałabym kupić wszystko, co potrzebuję.—Nie wiesz Pan, dla czego sąsiad Pana porzucił swój handel?—Biedny człowiek jest zrujnowany marnotrawstwem swéj żony i zbankrutował. —Tobym nie myślała.—W jego domu wszystko oddychało największą prostotą, a nigdzie nie widać było przepychu.

Zadanie 88.

Czyja córka jest panna tańcująca Mazurka z naszym przyjacielem?—Ma być córką jakiegoś bardzo uczonego człowieka, który mianowicie ma być nader świadom historyi. —Co (się tyczy) do saméj panny, jest zawsze wesołéj myśli, ale niestety przywykła do życia pełnego rozrywek.—Wielu ma braci i sióstr?—Ma jeno jednę siostrę a pięciu braci, z których najstarszy już jest studentem i będzie zdatnym (biegłym) lekarzem.—Mamy jeszcze dosyć jęczmienia?— Jęczmienia nam już się przebrało było; leczem się dokupił wczoraj ładunku bardzo dobrego jęczmienia, który zapewne ma tę cenę, którąmem zapłacił.—Coś dał?—Kupiłem małdr po pięćdziesiąt złotych.—Jest to dobrego gospodarza zawsze mieć staranie o zapasach wszelkiego gatunku, a znam cię zdolnym całego mego zaufania godnym zawiadowcą.—Kiedy mam wieźć żyto do Elbląga?—Trzeba tam być co najpóźniéj ósmego przyszłego miesiąca, bo czołno, które je wieźć będzie do Piławy, opuści Elbląg piętnastego Września.— Byłeś Pan już zimą w Piławie?—Byłem tam roku tysiąc ośmset czterdziestego drugiego. —. Wielu ludzi tam stoją załogą?—Pięć tysięcy włącznie owych tysiąc i pięćset, którzy ztąd poszli przeszłego miesiąca.—Masz Pan mój kij, albo swój?—Widzę, że ani jednego, ani drugiego nie mam.— Czyje rękawiczki tu mam?—Pan masz Pana Burmistrza, a on ma Pana.—Czy Pan jeszcze nie widziałeś tutejszego gabinetu naturalnych rzadkości z wielu jego szczątkami przedpotopowych zwierząt?—Jużem dwa razy tam był; w Poniedziałek z Panem Professorem, a wczoraj z naszym drogim gościem.—Obadwaj mężowie są osobliwie zdolni przewodnicy na polu historyi naturalnéj.—Czy tam są i amerykańskie zwierzęta?—Pokazano nam kilka rzadkich exemplarzy, lecz ryb z tamtejszych krajów tam niemasz; brakuje także miejsca dość wielkiego i stósownego do postawienia afrykańskich zwierząt. — Gdzie tamte teraz stoją?—W budynku odległym od Muzeum, który ma być wynajęty od jakiegoś człowieka prywatnego.—Czy będziemy mieli honor widzieć Pana u nas w Piątek?—W dzień powszedni czas mi nie pozwala bywać w towarzystwach.— Kiedyś się Pan dowiedział o tej nowinie, którąś nam udzielił?—Odebrałem ją o kwadrans na trzecią; po przeczytaniu dopadłem konia mego i leciałem dotąd.—Żal mi tylko, żem się spóźnił na kolej żelazną, inaczejbym jechał do naszego pełnomocnika dla (do) zasięgnienia jego rady.— Radziłbym Panu, odstąpić swej należytości jakiemukolwiek innemu.

Zadanie 89.

Co chcesz?—Chcę piwa, albo też tylko wody, bo mi się chce pić.—Dam ci kawy.—Dziękuję Pani.—Zachciewa mi się piwa a nie kawy, której wreście wcale nie piję.—Kto ci darował tę brzydką lalkę?—Kupiłam mi ją u tamtej starej baby.—Co cię kosztuje?—Dałam jej pięć srebrnych groszy.—Szkoda pieniędzy; mogłabyś kupić sobie najpiękniejszą lalkę, gdybyś przydała jeszcze kilka groszy.— Czemuż nie idziecie cmętarzem?—Czy się boicie strachów (widem)?—Niczego się nie boimy; ale słyszeliśmy, że ta droga jest bliższa.—Co słychać o Lipskim Jarmarku?—Nic przyjemnego nie słychać.—Ma być tam więcej przedawców, niż kupców.—Jakieżto żniwo w okolicy Pana?—Obawiam się tego roku takiej drożyzny, jakiejśmy obadwaj jeszcze nie dożyli.—A ja właśnie spodziewałem się zupełnie taniego roku, bo dochodów mi bardzo uszczerbiło zamknięcie granicy.—Na co używasz Pan tego stołu do heblowania?— Czasami hebluję sam małe rzeczy.—Potrzeba Panu dobrych żelazek?—Mogę sprzedać kilka Panu z najlepszej angielskiej stali.—Gdy ich będę potrzebował, korzystać będę z dobroci Pana.—Cóż Pani masz w tej miluchnej flaszeczce?—Jest to prawdziwy perski różowy olej.—Wąchaj go Pani, wydawa wspaniały zapach.—Zkąd go masz Pani?—Mój bratanek, który podróżowawszy dwa lata po Persyi, wrócił w przeszłej jesieni, dał mi go.

Zadanie 90.

Powinszowałżeś Pan już naszéj kochanéj sąsiadce jéj zaręczyn?—Powinszuję jéj jutro; miałem tak wiele do czynienia, że cały tydzień nie mogłem iść do niéj.—Niestety już bardzo ubywa dnia, a trzeba mi strzedz się chłodnego powietrza wieczornego.—Jutro będę widział państwo młode (młodzi) u mych rodziców i chwycę się téj pory, obudwom powinszować.—Czém trąci ten jajecznik (grzybek)? —Pan go ukroiłeś tamtym nożem, trąci tedy czosnkiem.— Żal mi pięknego jajecznika; ale już nie mogę więcéj jeść z niego, bo się brzydzę zapachem czosnku.—Dam piec Panu inny, tym czasem jedz Pan te smażone wiśnie.—Czém Pan jesteś?—Jestem nauczycielem muzyki, a rodem Włoch. —Kto był nauczycielem Pana?—Spontini mnie nauczył mojego kunsztu i myślę, iż się nie powstydzi za swego ucznia. Pan się zdajesz być zdolnym artystą; może będę mógł na przyszłość zrobić Pana kapelmistrzem méj małéj kapeli.— Jak się Pan nazywasz?—Nazywam się Teodor (Bogdan) A. —Czy Pan myślisz, iż z mego syna będzie zdatny malarz? —Bez wątpienia; jest to chłopiec dobrego talentu i spodziewam się, że raz będzie sławnym kunsztmistrzem, pilnuje bowiem swych nauk, przykłada i wszelkiéj pilności i czasu do rysowania, co jest zasadą malowania, i bez czego nikt się nie stanie dobrym malarzem.

Zadanie 91.

Komu należy ten zamek, który widzimy na tamtéj górze? —Myślę, że należy jakiemuś włoskiemu Księciu, który go kupił dwa lata temu.—Czy jeszcze służy twój starszy brat pruskiemu szlachcicowi, którego syn folgował mu w wszystkich jego psotach?—Nie, Mości Dobrodzieju! Mój brat zbyt szkodził swemu panu, zato odprawił go ze swej służby dwa miesiące temu.—Młody pan, który był mu tak przychylnym, także niechce już go widzieć, ponieważ dawny powiernik jego głupstw był mu już przykrym.—Czy on tu jest?—Nie.—Policya zabroniła mu pobytu, ponieważ mu zbywa na pieniądzach.—Nie oszczędził był sobie nic?— Używał zawsze więcej, niż zarabiał i dawał się oszukać fałszywym przyjaciołom.—Czytałżeś Pan opisanie zwycięstwa Chińczyków nad Tatarami?—Wątpię o prawdzie doniesienia. —Komu się urągają rozpustni pod ową lipą grający odrodcy?—Urągają się swemu zgrzybiałemu szanownemu, tam przechodzącemu nauczycielowi.—Zapominają uszanowania, jakie są winni temu człowiekowi.—Wiele ma lat ten człowiek? —Musi mieć więcej nad siedemdziesiąt pięć lat; już wcale nie panuje nad swą pamięcią, a czasem podpada najśmieszniejszym niedorzecznościom.—Czemu już nie piszecie?— Panienki pończoszki robiące u tamtego stołu nam przeszkadzają swem gadaniem i chechotaniem się.—Niech chéchocą i gadają, byleby wam nie przeszkadzały.—Czy potykiwasz tej młodej pannie?—Czy Pan się dziwujesz temu?—Nie wiesz Pan, że to jest moja własna siostra?—Nie wierzę, a muszę ci powiedzieć, że to nie piękna, że taki młokos się urąga starcowi.—Długoś Pani była w Karłowych warach?— Jeno dwa miesiące. —Kiedyś tam jechała?—Odjechałyśmy ztąd piętnastego Maja, a dopiero dwudziestego drugiego tam przyjechałyśmy. — Kiedyś Pani wróciła? — Dopiero wczoraj wieczorem wróciłam, ale brat mój przybył tu już dwie niedziele temu.

Zadanie 92.

Zkąd Pani idziesz?—Pojechałam z dziećmi na podwieczorek do lasku, gdzie mieszka leśniczy N., nasz krewny. —Czy dzieci się bardzo cieszyły?—Klaskały w dłonie zobaczywszy się w lesie i jak powóz zajechał przed dom leśniczego.—Jaka to była droga?—Doskonała, ale kurz wielki i gorąco.—Wjechaliśmy na łąki, potem między zboża i nakoniec w lasek.—Dzieci i starsi okryci byli kurzem, i musieliśmy otrzepać nasze suknie szpicrutą, nim mogliśmy wnijść w dom.—Czy krewni Pani byli w domu?—Leśniczego nie było, ale jego miła małżonka, i wystaw sobie Pan, kogośmy tam spotkali? — Nu? — Moję szwagrową z jej dziećmi, która się przywitała grzecznie z nami i pozwoliła swym dzieciom grać z naszemi w lasku.—Zapewne byłyście bardzo grzeczne i wesołe, moje dzieci, i wdzięczne dobrym rodzicom za ukontentowanie, bo choć jesteście raźni i weseli chłopcy, jednak nie mam was za swawolnych.—A co innego jest wesołość, a co innego swawola.—Czemuż rumieni się Żegota? — Czuje się i jego sumnienie mu powiada, że zasłużył na karę i nawet na pogardę ludzi i niebłogosławieństwo Boga.—Dzieci bawiły się przedziwnie, kryły się za drzewa i szukały, goniły się, rzucały obręcze, grały w różne gry i zbierały kwiaty leśne i poziomki.—Nauczyciel domowy, bawiąc się z niemi, ciągle na chłopczyków uważał. —Pilnował on szczególniej Żegoty, który często bywa zły i nieposłuszny.—Pokazało się to w lasku.—Matka zawołała dzieci na podwieczorek; przybiegły, i Mama dała każdemu filiżankę kawy i po ciasteczku.—Dzieci się cieszyły na różne dobre rzeczy, które stały na stole, jako to : kurczęta pod śmietanę, cukierki, galarety i konfitury.—Miały być nawet i lody.—Ciasteczka, które dzieci do kawy dostały, nie jednakie były.—Jagusia miała okrągłe ciasteczka, Żegota długie, Kazimierz rożek, a Basia znowu okrągłe.—Żegota prosił Jagusi, żeby się z nim na ciasteczko pomieniała, mówiąc : „daj mi twoję okrągłą bułeczkę, a ja ci dam moję plecionkę."—Jagusia nie chciała, a Żegota rozgniewany na nią rzucił swoję plecionkę, plecionka uderzyła o filiżankę Jagusi, filiżanka się przewróciła i wszystka kawa wylała się na Babunię i na sukienkę Jagusi.—Przestraszyli się wszyscy, a nauczyciel domowy, który jest bardzo surowy i wie, że rodzice nie kochają nas fałszywą miłością, kazał Żegocie natychmiast odstąpić podwieczorka i przez całą resztę wieczoru stać w jednym kącie izby, mówiąc groźnym głosem : „Wstydź się, niegrzeczny chłopcze, niegodzien jesteś żyć z ludźmi, i bawić się z grzecznemi dziećmi."—

— 87 —

Żegota przez cały podwieczorek stał smutny w kącie.—
Dzieci tym czasem zajadały smaczno podwieczorek, a Żegota
patrzeć na nie tylko musiał.—Tak zawsze bywa złym
dzieciom.

Zadanie 93.

Zdaje się, że Pan jesteś wielkim miłośnikiem polowania?
—Przenoszę myśliwstwo nad wszystkie inne rozrywki, każda
bowiem rozrywka, która nudne godziny uczciwie oszczędza,
godna względów, cóż dopiero, gdy jeszcze zysk wieloraki
za sobą prowadzi?—Zysk polowania największy a pewny,
zdrowie; rzadko myśliwy lekarstwa bierze; praca ustawiczna,
wstrzemięźliwość, myśl nakoniec wesoło zaprzątniona nie
daje ani okazyi, ani czasu do choroby.—Zdrowi, czerstwi i
lekcy do najpóźniejszéj starości najprzykrzejsze fatygi
znoszą myśliwi.—Byłżeś Pan sam na polowaniu?—Miałem
dziś z sobą moich synów.—Gdzie jest knieja Pana?—Za
rzeką po zamek Kazanowskich.—Jakże Panu się podoba
nowy zamek?—Ogromny to zamek z wielu wieżami i dach
z blachy miedzianéj z gałkami złotémi i powietrznikami.—
Między wieżami jest wielka altana z przeplataniami, na
któréj stoją garki z rozmaitémi kwiatami; ztamtąd widok
zachwycający.—Na dole znowu altana w kolumny ze drzwiami
i poręczami z marmuru, i widok na rzekę z ogrodem
różnych drzew.—W pokojach wszystkie ściany są okryte
umyślnie do nich robionémi obiciami.—Stoją rzędami stołki
skórą pozłacaną obite z herbami Pana domu; . pomiędzy
oknami rozmaite szafy pozłacane, pod miarą piec nadobny,
za nim ukryte i sztuczne spuszczanie się do piwnicy.—Nad
kuchnią jest łaźnia, tam do cynowéj sadzawki, jakoby
rurami, leje się woda, przybywa lub ubywa, tak że w niéj
chodzić czyli pływać można, i Państwo zwykło tam się
kąpać.—Za bramą zamkową ogród niewielki z kwiatami,
owocami i krynicą, która kołem wody zamkowi dodaje.—
Czy posiedziciel teraz mieszka w zamku?—Rzadko; mieszka
w mniéjszym zamku leżącym nad Bugiem w pięknéj równinie.

Zadanie 94.

Panie bracie! Dokądże w tym cale osobliwszym ubiorze?—Czy Pan nie wiesz, że dziś jest pierwsza reduta?—Gdzieżto?—Pod złotym aniołem.—Czy będzie bardzo pełno?—Zapewne; słyszałem że do sześć tysięcy biletów rozdawano, chociaż płacono za bilet po półtora talara, ale tutaj tak lubione reduty, że od roku tysiąc ośmset czterdziestego dziewiątego do roku tysiąc ośmset pięćdziesiątego czwartego je dawano zacząwszy od Października aż do Adwentu, i znowu przez całe zapusty po trzy razy na tydzień.—W Niedziele bawiono się w kilku miejscach, a zawsze pełno było osób. — Największe zyski bywały z stolików do kart, a czasem na jednym z nich przechodziło z rąk do rąk po kilkanaście tysięcy czerwonych złotych.—Czy wszyscy są maskowani?—Można wchodzić i w domino czyli płaszczu kitajkowym.—Gdzież Pan będziesz wieczorem?—U Krola, gdzie towarzystwo harmonijne ma swe posiedzenia.—Wieczory muzykalne bywały dawniej u Lepińskiego?—To tylko było za Francuzów.—Wszczęły się u Szustera, potem u Lepińskiego, nakoniec u Krola; tam w oznaczone dnie i godziny zbierają się, muzyki słuchają, lub zabawiają rozmowami.—Co masz w ręku, Anusiu?—Mam ptaszka! Jaki ładny ptaszek, jaki maleńki, czy wiesz Anusiu, jak się ten ptaszek nazywa?—Niewiem, ciotuniu, to zapewne wróbel.—Nie, moje dziecię, ten ptaszek nazywa się czyżyk.—Ale powiedz mi, gdzież go złapałaś?—Byłam z braćmi w ogrodzie.—Bracia wozili mnie naszym wózkiem, chustaliśmy się ostróżnie, goniliśmy się i kryliśmy się za drzewa.—Przechodząc koło wysokiej jodły, która na końcu ogrodu rosła, spostrzegliśmy patrzącego w górę ogrodnika. — Zbliżyliśmy się do niego i pytać go się zaczęliśmy, na co się tak patrzy.—„Cicho, cicho," mówił do nas ogrodnik, „niech panicze nie hałaszą, widzę na drzewie gniazdo z ptakami."—„Co? gniazdo z ptaszkami?" zawołałam, „cóż to za szczęście! Mój ogrodniku, wejdź na drzewo i daj mi jednego ptaszka!"—„Nie można panienko," powiedział ogrodnik, „ptaszki jeszcze maleńkie, nie trzeba ich z gniazda wybierać, małe ptaszki jeść same nie umieją, nie trzeba ich brać od matki."—„To nic nie szkodzi," rzekłam znowu, „jabym koniecznie choć jednego z tych małych ptaszków zobaczyć chciała; mój ogrodniku, wyjm go z gniazdeczka i daj mi go do ręki."—Ogrodnik usłuchał, wszedł na drzewo, wyjął tego ptaszka z gniazdeczka i podał mi go.— Ale patrzno, jak piszczy i dzióbek otwiera, zapewne mu się jeść chce.—Niechże go ciotunia potrzyma, a ja pobiegnę po jedzenie dla niego.—I owszem daj mu jeść, on z głodu zapewne tak piszczy.—Ale nic nie mam oprócz wczorajszego ciasteczka, czy małe ptaszki jedzą ciasteczko?— Lepiéj byłoby, gdybyś miała robaki zamiast tego ciasteczka, ptaszki bowiem żywią się zbożem i robakami.

Zadanie 95.

Umiesz Pan już po polsku?—Cokolwiek.—Czyś Pan już dawno się zaczął uczyć polskiego języka?—Dopiero dwa miesiące.—Na tak krótki czas Pan bardzo dobrze mówisz; widać, że Pan masz dobrą pamięć i że musisz być bardzo pilnym.—Gdyby to prawda była, stałbym się w krótkim czasie uczonym.—Już także rozumiem po polsku, i radbym mówić, ale nieśmiem.—Bądź Pan tylko śmiały i mów, czy źle czy dobrze.—Polacy nie naśmiewają się z cudzych, co źle po polsku mówią, lecz chętnie i skromnie poprawiają każdego, kiedy w mowie zbłądzi.—Kto jest nauczycielem Pana?—Jest to Pan Mańkowski?—Czy jeszcze mieszka naprzeciw nowéj cukierni?—Nie, mieszka teraz za bramą, na nowéj ulicy podłuż kanału, która jeszcze nie ma nazwiska. — Mimo kościoła Świętego Jędrzeja (Andrzeja) przechodząc ku południowi Pan już z daleka możesz widzieć dom.—Inaczéj on jest bardzo rozmownym, ale podczas lekcyi tylko do rzeczy mówi.—Jakże Pan stoisz z nim?— Jest to szanowny i miły ten nauczyciel, pouczając mnie, to jest ku mnie, gdyby brat, a znowu ja ku niemu jestem z szacunkiem i miłością.—Wiem dobrze, jakiéj to świętéj cierpliwości potrzeba nauczycielowi, jak się to on nieraz musi namęczyć nad książkami i we dnie i w nocy, żeby jeno uczniom swoim naukę łatwiejszą uczynił. — Niechże mu Bóg da zdrowie i łaskę swoję. — Czy Pan chorujesz? — Broń Boże! — Nie. — Lekarstwo, które biorę, ma być przeciw zarażeniu.

Zadanie 96.

Jestżeś Pan jeszcze zawiadowcą u Księcia? — Nie; więcej mi się nie podobało już na wsi. — Żyje teraz w mieście sprawując urząd sekretarza przy Ministrze zagranicznych spraw. — Gdzie Pan mieszkasz? — Mieszkam w parafii Świętego Pawła przy ratuszu w domu o trzech piętrach, mam na drugiém piętrze pomieszkanie o czterech pokojach jeden po drugim, z wielką jasną kuchnią i drwalnią i placę za to wygodne pomieszkanie tylko sto dwadzieścia talarów komornego. — Któraby to godzina? — Zegarek mój stanął godzina temu i chciałbym go nakręcić i postawić. — Niemam przy sobie mojego zegarka kieszonkowego, ale miéjże Pan tę łaskę i pójdź zemną do mego mieszkania i zostań też u mnie przez cały wieczór. — Proszę Pana mi powiedzieć, od kogoż Pan masz wiadomość o samobójstwie naszego przyjaciela? — Dowiedziałem się o tém z listu, który jeden tamtejszy urzędnik pisał do swego tu się uczącego syna. — Nie musiał ten człowiek pisząc ten list być przy zdrowych zmysłach. — Pan znajdziesz u mnie naszego przyjaciela takim, jakim go znaliśmy z młodych lat. — Przybył on tu wczoraj pod wieczór i pojedzie jutro o świtaniu z nami na wieś, gdzie myśli być bardzo wesołym na weselu naszéj siostrzenicy. — Nie widzisz Pan tamtego zwierzątka skaczącego po gałęziach téj akacyi? — Co to za zwierzątko? — Nazywają to rydzawe zwierzątko Eichhörnchen czyli Eichkätzchen po niemiecku, a po francuzku *écureuil*. — Wieleż tu jest takowych zwierzątek? — Zawsze je widać tylko po jednemu lub po dwa; jeszcze nigdy ich nie widziałem kupami. — Pójdźmy na polowanie wiewiórek! — Toby było śmieszne polowanie, moje dziecię. — Wierzże mi Pan, że już umiem strzelać z mojéj fuzyi i nigdy celu nie chybiam na trzydzieści do czterdziestu kroków.—Czy ta ładna wiewiórka się żywi także chlebem i mięsem?—Nie, mój synaczku, żyje ona najwięcej na dębach i jé żołędzi, zkąd pochodzi i jego nazwisko po niemiecku.—Kiedy pójdziemy na kolacyą? chce mi się jeść. —Pójdźmy do domu po szerokiéj topolowéj ulicy podłuż strumyka, a potém przez olszynę.—Powiedzże mi Pan, po jakich poznakach się poznają drzewa?—Z daleka po rozkładzie liścia, z bliska oprócz tego po formie liści, po farbie i jakości (jakowości) kory.—Czy Pan już idziesz z kościoła? —Nie wszedłem, bo było już po kazaniu.—Chór śpiewał przy nowych organach, które darował Król kościołowi, a zgromadzenie nabożnie słuchało.—Widziałem to przez otwarte drzwi i chciałbym wiedzieć, kto tak doskonale grał na organach.

Zadanie 97.

Kiedy i gdzie urodził się Mikołaj Kopernik?—Urodził się za Kazimierza Jagiellończyka dnia dziewiętnastego Lutego roku tysiąc czterysta siedemdziesiątego trzeciego Ery Chrześciańskiéj w Toruniu.—Odesłany na nauki do Akademii Krakowskiéj, i w rejestr jéj uczniów roku tysiąc czterysta dziewięćdziesiątego drugiego zapisany, czerpał w téj jedynéj pod ów czas polskiéj szkole przez lat pięć wiadomości literatury greckiéj i łacińskiéj i nauk matematycznych. — Najsławniejsi potém Matematyki professorowie, byli współuczniami Kopernika, wszyscy zaś w Matematyce i Astronomii uczniami Wojciecha Brudzewskiego; i kiedy za naleganiem Książęcia Kardynała Fryderyka Jagiellończyka Brudzewski wyjechał do Litwy na urząd Sekretarza przy Księciu litewskim Alexandrze, Królu potém polskim; Kopernik przeniósł się do Bononii, gdzie pod Astronomem Maryą z Ferrary, jak świadczy Rhetykus, nie jako uczeń, ale jako świadek i pomocnik nad obserwacyami gwiazd pracował.—Wyjechał więc z ojczyzny swojéj Kopernik już opatrzony w wiadomości Astronomii i Matematyki, któremi tak słynął we Włoszech iż w dwudziestym siódmym roku wieku swego, ucząc publicznie Matematyki w Rzymie, liczne zgromadzenie uczniów na swoje lekcye ściągnął.—Tam w ciągu swego nauczycielstwa nie zaniedbując obserwacyi gwiazd, uważał zaćmienie księżyca w roku tysiącznym pięćsetnym.—Wracając z Włoch do Polski, w Padwie popisywał się z swego w Anatomii postępku i stopień doktora Medycyny otrzymał.—Nie chciałże brat twój wyjechać dopiero w Poniedziałek?—Chciał; aliści w piérwszych dniach Września, odbiera ojciec mój list od swego brata z Warszawy, w którym mu oznajmia, iż jedynie do pewnego dnia czekać na jego syna może; i jeżeli na dzień naznaczony nie zjedzie, miéjsce jemu obiecane z żalem komu innemu dać będzie musiał.—Brat mój rad nie rad wybierać się zaczął; w wieczór pożegnał z płaczem wszystkich domowych i nazajutrz skoro świt wyjechał.

Zadanie 98.

Którędy pojechał Król do Wiednia? — Podług gazet pojechał wprost do Drezna i ztąd tędy przez Pragę do Wiednia.—Ah, witam Pana towarzysza! Zkąd idziesz (jedziesz)?—Prostą drogą z kwatery generalnéj.—Ujechałem dziś już wiele drogi z mym hufcem piechoty i muszę jeszcze daléj.—Kędy znajduje się teraz kwatera generalna?—Blisko Wiérzbołowa, półmili od miasta ku zachodowi odległa; ja zaś z piechotą cofnąłem się na wstecz aż do Stołupianów.—Którędy się udał nieprzyjaciel?—Słyszeliśmy w drodze, że główne wojsko się okopało około Władysławowa, i że szańce są nie do zdobycia.—Baj łatwo to mówić, ale mogę powiedzieć Panu, iż nieprzyjacielowi żywności i nawet amunicyi nie dostaje, które musi przywozić aż z Jurborku.—Aza nie radziliśmy już często Jenerałowi uderzyć na niego?—Lecz zdaje się, jakby nabił sobie głowę, kontr czynić każdéjkolwiekbądź poradzie.—Którędy Pan pojedziesz?—Czy na Tylżę?—Jabym nie rad tamtędy jechał.—Czemu?—Daleko tamtędy i droga ma być nie do przebycia.—Wiesz Pan lepszą drogę?—Odprowadzę Pana sam do najbliższego bitego gościńca.—Więc jedźmy z Panem Bogiem.—Tam przed nami krzyżowa droga; któréj się trzymać mamy?—Średniéj.—Spytajmy się lepiéj tego chłopa, żebyśmy nie zbłądzili.—Nie zawadzi.—Dobrze tędy jedziemy do Kowna?—Dobrze, moi Panowie.—Jak wiele jeszcze mil mamy?—Cztéry wielkie mile.—Możemy tam jeszcze dziś zajechać?—Zapewne, ale muszę powiedzieć Panom, że będą dwie drogi niedaleko onéj Bożéj męki.—Jedźcie Panowie na prawą rękę.—Bóg zapłać! Boże prowadź! Śpieszmy się, żebyśmy dziś do miasta przyjechali.—Szkodaby było koni mordować.—Zostańmy w téj karczmie na noc.—Jak się Panu podoba.—Ja gotów do wszystkiego.

Zadanie 99.

Witam Pana z koncertu.—Bardzo dziękuję.—Tak prędko po koncercie?—Abo nie czas?—Cóż nowego powiadano?—Mówią, iż wojna jeszcze długo trwać będzie.—Uchowaj Boże! ja nie znam większego nieszczęścia nad wojnę.—Ale po wojnie następuje pokój (spokój, spokojność).—To prawda, lecz się drogo życiem braci naszych opłaca.—Przecież to chwalebna, poledz za sprawę ojczyzny.—Lepiéj jest żyć, niż zginąć dla ojczyzny.—Co stoi dziś w gazetach?—Mówią, że spokój między Rossyą i Turcyą nie prędko przyjdzie do skutku.—To jest smutna nowina, osobliwie w teraźniejszych okolicznościach.—Któż jest ten Jegomość, który dopiéro z Panem mówił?—Jest to Niemiec, rodem z Hassyi.—Mówi bardzo dobrze po polsku.—Chociaż rodem Niemiec, przecie tak dobrze mówi po polsku, że go sami Polacy mają za Polaka.—Dawno go Pan znasz?—Już blisko dwa lata, jak go znam.—Radbym go poznał.—Będziesz Pan przezemnie z nim miał znajomość.—Kiedyż do niego pójdziemy?—Kiedy się Panu podoba, bo uprzejmy przyjaciel mój.—Więc pójdziemy jutro rano do niego.—Do prędkiego zobaczenia się z Panem!—Czego płaczesz, moja kochana bratanko?—Ah dla Boga! w tym momencie mi doniesiono, że ojciec mój skonał.—Znam dobrze, kochany dziecię, jak to jest tkliwe i nieznośne dla serca czułego: ale darmo!—Człowiekiem jest, trzeba się uspokoić.—Acz nader wielką przez utratę ojca szkodę ponoszę, jednakże przez połowę tylko szkoduję, kiedy mi Niebo kochanego stryja zostawia.—Co Panie świéć nad duszą jego!—I tak mi bądź Panie Jezu miłościw i ty Matko Najświętsza, jakom ja się starać będę wedle siły mojéj, żebym był temu kochanemu dziecięciu drugim ojcem.

Zadanie 100.

Nauka ojca dana synowi.

Tadzio, lubo jeszcze w wieku nadziei będący, już wiele na przyszłość wróżył. Miał duszę szlachetną, serce wspaniałe, rozum otwarty. Ale jedna wada tłumiła te piękne przymioty a powszechną niechęć ku niemu wzbudziła. Tadzio niezmiernie był dumny. Potomek domu znakomitego w ojczyźnie, licząc w swoim rodzie od lat kilkuset dzielnych jéj obrońców, widząc powtarzane ich czyny w dziejach krajowych, dostawszy na chrzcie świętym wsławionego bohatera imię, Tadzio brał te wszystkie korzyści za osobiste zalety; puszył się z nich i nadymał. Pogardzając ludźmi niższego urodzenia, nim się z kim zaprzyjaźnił, pytał się o naddziadów jego, i nie umiał nawet cenić cnót i talentów młodzieńca, który nie z panów pochodził. Kiedy w szkole z niższémi od siebie przestawać musiał, przybierał wtedy opiekuńczą minę i z wszelką powagą udzielać się raczył. Wzrósł z tém przekonaniem, że i w oczach Boga i w oczach ludzi daleko był znakomitszą od wielu innych istotą.

Trapiła niezmiernie ta duma rozsądnego ojca; karcił ją w synie i żadnéj nie opuszczał sposobności przekonania go o jéj niedorzeczności. Razu jednego następującą dał mu naukę.

Tadzio miał wielką zdatność do rysunku; kupił mu ojciec zbiór rozmaitych obrazków. Był tam Pan w stroju, był i żebrak w łachmanach; był chłopek w siermiędze przy pługu, był uczony nad księgami swémi; był wojskowy w paradnym mundurze, był i żyd z długą brodą. Uszczęśliwiony tym podarunkiem Tadzio, wziął się natychmiast do przerysowania figurek: ledwie tydzień minął, kiedy już kilka wcale nie źle wykończył. Gdy tę swoję pracę z radością pokazywał ojcu, zapytał się on syna, któryby z tych obrazków najwyżej cenił? „Wszystkie równo, odpowiedział Tadzio, bom wszystkie sam zrobił." Jednak przeglądając koléjno, tak mówił sam do siebie: „Ten Pan trochę krzywo patrzy; ten uczony niedość kształtny; wojskowy zbyt prosty; oto prawdę powiedziawszy, najwięcéj cenię tego chłopka w siermiędze, i jak te obrazki w moję książkę wkleję, on piérwsze miéjsce mieć będzie." „Jak to?" zawołał zdziwiony ojciec, „chłopek przed Panem w stroju piérwéj od wojskowego w paradnym mundurze?" „Piérwéj Tato," odpowiedział Tadzio, bo daleko więcéj ma zalety; nierównie lepiéj zrobiony." „A widzisz!" powiedział tu ojciec, „jak sam w téj chwili potępiłeś ulubione zdanie swoje; spierałeś się nieraz zemną, że nie tylko ludzie, ale sam Bóg ciebie tak wysoko urodzonego więcéj od wielu cenić musi! a dla czegoż ty w tych rysunkach chłopka nad wszystkich przekładasz? Ty w téj pracy byłeś niejako wizerunkiem Stwórcy. Jako te obrazki są twojém dziełem, tak my wszyscy dziełem Jego jesteśmy; tyś nie wziął lepszego papieru, ani farb lepszych na wyrysowanie Pana; On jednakowo Pana i żebraka stwarza. Wyrzekłeś naprzód, że wszystkie te obrazki zarówno cenisz, boś je sam zrobił; przyjrzawszy się dopiero ich wadom i zaletom, jednemu dałeś piérwszeństwo. Tak i Bóg postępuje; wszyscy ludzie go obchodzą, bo wszyscy są sprawą rąk Jego; niektórych wyżéj od drugich ceni, więcéj kocha; ale tę miłość nie bogactwa, godności, ród znakomity, lecz osobista wartość nadaje. Co ty zamyślasz w książeczce swojéj uczynić, to i On uczyni! Pomnie jedynie na istotne zalety, nie jednego chłopka imię wyżéj w księdze wieczności od imienia pana z panów zapisze. Wierzaj mi, że tak w oczach Boga, jako i w oczach rozsądnych ludzi, osobista wartość jedyną ma cenę. Miło i mnie zapewne, że długi szereg naddziadów liczę, lecz miło dla tego, że byli cnotliwi. Wiész zaś, co mówi do ciebie ten liczny poprzedników poczet? oto słowa: „Nie wynoś się nad innych ludzi, bo dotąd niczém więcéj od nich nie jesteś; nie chełp się z rodu swojego, on cię jeszcze poniżyć może. Szlachetny początek długiem jest względem Boga i kraju. A jeśli ty osobistą nie zalecisz się wartością, blask sławy naszéj odkryje mocniéj twą hańbę; nasz przykład silniéj jeszcze twoję niecnotę potępi." Tadzio słuchał z zadziwieniem, słowa ojca uderzyły go; rozważył je i uznał ich prawdę. Odtąd przyzwyczaił się cenić jedynie wartość osobistą; uprzéjmym był w obéjściu swojém ze wszystkiémi, pracował nad tém, ażeby blask sławy naddziadów do wydania lepszego cnót jego posłużył. Zbiór zaś obrazków na wieczną chował pamiątkę.